科学的に
人を動かす技術

感情的にならず
すぐやる人にする34のコツ

大平信孝
Ohira Nobutaka

かんき出版

はじめに

本書を手にとっていただき、ありがとうございます。

この本を手にしているということは、きっと次のような悩みを抱えているのではないでしょうか。

・何度も進捗《しんちょく》を確認しているのに、部下や後輩が締切を守ってくれない
・何年も前から上司に部署異動の希望を出しているのに、一向に実現しない
・帰宅後、遊ぶ前に宿題をしてほしいのに、子どもが全然言うことを聞かない
・「あとでやるから」ばかりで、パートナーが頼んだことをすぐやってくれない

・親に新しいスマホを買ってほしいと頼んでいるのに、買ってくれない
・所属するコミュニティで面倒な役割ばかり押しつけられるのに、誰も手伝ってくれない

私だって言いたくないけれど、あまりにも動いてくれないので、つい「ガミガミ言ってしまう」「イライラしてキツくあたってしまう」……。

それでも、「すぐ動いてくれない」「手伝ってくれない」「反発・反抗される」「場の雰囲気が悪くなり人間関係が悪化した」……。

思うように人が動いてくれず、つい感情的になり、後悔する。頑張れば頑張るほどその事実にガッカリ、ぐったり、うんざりし、途方に暮れたことがあるのではないでしょうか。

「なんで私ばっかかり」「自分ばかり損をしている気がする」

部下や後輩、上司、同僚、子ども、親、パートナー、友人などの身近な相手が、自分の言ったこと、お願いしたことをすぐやってくれるようになったら、どんなにラクになることか……。

本書はこんな悩みを、アドラー心理学や脳科学、コーチングのスキルを使って、科学的に解決するための本です。

突然ですが、アサガオの種をまいた翌日に、芽が出ない、花が咲かないと怒っている人がいたら、あなたはどう思いますか？

「栄養豊富な土を用意したのだから、すぐに芽が出るはず」「肥料と水をたっぷり与えて、日当たりのいいところに置いているのだからすぐ花が咲くはず」と思い込んでいるのです。

「さすがにそれは無理でしょう」「勝手な期待をかけられたアサガオが気の毒」と思いませんか？　当然ですが、どんなに期待をしても、手をかけて育てても、芽が出るまでに1週間はかかりますし、花が咲くまでには1カ月以上かかります。

さすがに、こう考える方はいないと思います。しかし、これが対人間だとどうでしょう。

締切を守れない部下に、「なんで期限を守らないんだ！」としょっちゅう注意している。朝起きるのが苦手なわが子に、毎日「早く起きなさい！」と言い続けている。にもかかわらず、まったく改善しない。相手に期待して、相手のためを思って注意しているのに、なんで言うことを聞いてくれないのだろう……。

こんなふうになってしまうのは、あなたが相手に対して勝手な期待をかけているからで

す。つまり、あなたの指摘が相手にとって「自分事」にならない限り、一方的な期待で終わってしまうのです。

自分に置き換えて考えてみましょう。

たとえば、あなたがドラマや映画、ゲーム、読書に夢中になっているときに、親から「今のうちに明日の準備をしなさい！」と言われたら……。

締切間近の仕事を必死でやっているときに、「○○商事さんからの請求書、今すぐ出して」とか、「来週のプレゼン資料、今見たいから持ってきて」と指示されたら……。

誰でも、「ちょっと待って！」と言いたくなるはずです。

「早く明日の準備をしてほしい」「来週のプレゼン資料を今すぐ見たい」というのは、親や上司の希望であって、子どもや部下の希望ではありません。子どもは今ゲームがしたいと思っているし、部下は、締切間近の仕事を一刻も早く終わらせたいと思っています。

「相手が動いてくれない」と悩んでいる方は、この両者のギャップを考えずにアプローチしていることが多いのです。

では、どうすれば、人はあなたの言うことを聞いてくれるようになるのでしょうか。

どうすれば、人はあなたの思う通りに動いてくれるようになるのでしょうか。

そのヒントは、アドラー心理学の提唱者、アルフレッド・アドラーが主張する「課題の分離」という考え方にあります。

「課題の分離」とは、「自分の課題」と「他人の課題」とを区別することです。

「自分の課題」とは、自分でコントロールできる、あるいは自分が最終責任を負うことができる、最終決断できる課題のことです。

一方の「相手の課題」とは、自分でコントロールできない、もしくは自分以外の人が最終責任を負うか、最終決断する課題のことです。

イギリスのことわざに、

馬を水場に連れて行くことはできても、水を無理やり飲ませることはできない

（You can take a horse to the water, but you can't make him drink.）

というものがあります。

馬に水を飲ませたいと思って、水場まで連れて行ったとしても、飲むか飲まないかは馬自身が決めること。「今は喉が渇いていない」と思っている馬に無理やり水を飲ませることはできないというわけです。

当たり前ですが、自分自身の努力や行動の変化で結果を左右できるのは「自分の課題」のみ。「相手の課題」については、自分でコントロールできませんし、責任を負うこともできません。しかし、私たちは、「他人の課題」を「自分の課題」と混同してしまうことがよくあります。**自分でコントロールできないことを解決しようとしても、一向に事態が好転しないので疲れきってしまうのです。**

たとえば、「子どもが宿題をやらないのは親である自分に責任がある」と1人で悩みを抱え込み、疲れきっている人がいるとします。

「もっと家にいる時間をつくることができれば、こんなことにならなかったのに」と職場では仕事に集中できず、「子どもが毎日宿題さえやってくれれば、もっと仕事に集中できるのに」と家庭でもイライラして、つい感情的になってしまう……。

思い当たる方もいるのではないでしょうか。

しかし、「課題の分離」の考え方で言えば、子どもが「宿題をやるかどうか」「勉強するかどうか」は、親がコントロールできることではありませんし、最終的な責任を負うのは子ども自身です。つまり、「自分の課題」ではありません。

ですから、「どうして1人で宿題ができないのか?」「なんで勉強しないんだろう?」と、いくら悩んでも、「今すぐ宿題をやりなさい!」「宿題をやらなかったら、ゲームを捨てるよ!」と叫んでも、子どもは宿題をやるようにならないのです。

この前提を無視して「ああしなさい」「こうしなさい」と指示することは、相手からすると自分ではコントロールできない「他人の課題」を押しつけられていることになります。ですから、このようなアプローチをいくら続けても、あなたは一向にラクになりません。

仕事でも同じです。「忙しいなか、時間をかけて一から十までていねいに説明した」「効果的なアドバイスをした」「何度も締切を確認して催促した」……。どれだけあなたが頑張っても相手が変わらないのは、ここに原因があります。

ここまで読んで、「なんだ、人を動かすことは不可能なのか……」とガッカリした方もいることでしょう。でも大丈夫!

アドラーは、「課題の分離はスタートである」とも言っています。

「自分の課題」と「相手の課題」に分けたあと、それらを2人の間の「共同の課題」にす

ることで、相手と一緒に問題解決に取り組むことができるようになります。

つまり、「これは、私の課題ではなく、私とあなたの課題である」「共同の課題を解決することで、あなたにもメリットがある」ということを理解してもらいさえすれば、相手に「自分事」ととらえてもらうことができるようになります。その結果、相手が動いてくれるようになるのです。

私はこれまで、メンタルコーチとして2万人以上の方にかかわってきました。

その経験から言えることは、**自分でコントロールできないことを手放すと、人生が劇的にラクになるということです。**

人間関係の悩みを抱えている方の多くは責任感が強く、真面目です。「相手のために」という思いが強すぎて、「自分ができること」と「相手にしかできないこと」の境界線が見えなくなっている傾向にあります。そのことに気づかず、ずれたアプローチを続けているので、うまくいかずイライラしてしまう。その結果、感情的になって人にキツくあたってしまったり、自分を責めたりしてしまうのです。

逆に言えば、「自分ができること」と「相手にしかできないこと」とを切り離して考えられるようになるだけで、生きるのがラクになります。なぜなら、この2つを切り離すこ

とは、自身の「感情」と「行動」を切り離すことでもあるからです。

相手が自分の思い通りに動いてくれなくても、「あぁ、これは相手の課題だから仕方がない」と割り切れるようになるのです。

すると、「どうにかして相手を動かそう」という考えが消え、「相手がスムーズに動けるようになるために自分ができることはなんだろう」と考える余裕が出てきます。それが、相手との「共同の課題」を解決するという考え方に結びつくのです。

本書では、そのやり方を誰でも今日からできるよう、イラストを交えながらわかりやすく解説します。本書で紹介する「人を動かすコツ」は、どれもシンプルですぐ実践できるものばかり。**少し言い方を変えるだけ、少し考え方を変えるだけ、少しアプローチを変えるだけで、相手を「すぐやる人」に変えることができます。**

さらに、第5章では、部下や子どもなど身近な人の成長を促し、夢や目標を実現してもらうためのサポートの仕方も紹介します。

私は、「人を動かす」ことの本質は「人を育てる」ことだと考えています。ですから、本書のゴールは、「相手の自立」です。

自立とは、自分が指示しなくても、相手が自分で判断して、必要な行動をとれるようになること。ここまでくれば、あなたの悩みやイライラはなくなることでしょう。

対人関係で消耗し、本来の役割を全うできなかったり、自分の本当にやりたいことに時間をかける余裕がなくなっているのなら、これほどもったいないことはありません。

有限で貴重な自分の時間や意志力を、他人を動かすために使い果たしてしまうのはもうやめましょう。

これからお伝えするコツを使えば、その大切なリソースを、自分の仕事や日々の生活を充実させ、人生を楽しむために使うことができるようになります。

本書が、あなたとあなたの大切な人の理想の未来を実現するきっかけになりますように。

令和6年11月

大平　信孝

CONTENTS

第2章 「あとでやります」がなくなる！指示の出し方・頼み方

第3章 相手が動ける状態をつくる！環境の整え方

COLUMN 3
話をするときは、相手の横に座ろう

第4章

相手を「言わなくても動く人」に変える！自信の植えつけ方

第5章 相手を成長と自立に導く！夢・目標実現サポートのコツ

装幀・本文デザイン　岩永香穂（MOAI）
イラスト　鈴木衣津子
DTP　野中賢／安田浩也（株式会社システムタンク）

第1章

相手との信頼関係が劇的に深まる！コミュニケーションの技術

あなたがどんなに頑張っても
「信頼関係」がなければ
人は動かない

頼んだことをすぐやってほしい。
指示通りに動いてほしい。

そのために、絶対に必要なことがあるのですが、何だと思いますか？

それは、相手との信頼関係です。

「はじめに」のなかで、アドラーが提唱した「課題の分離」について触れましたが、相手との信頼関係がなければ、いくらスキルや考え方を身につけても人は動いてくれません。

AさんとBさんという2人の上司がいたとします。

Aさんは、あなたが相談や提案を持ちかけると、とにかく親身になって聞いてくれます。あなたが話している間はけっして口を挟みません。こちらの話が終わると「そうなんだ」と言って、いつもちょっとしたアドバイスをくれます。

一方のBさんは、あなたが相談や提案を持ちかけると、話が終わらないうちに「それなら、こっちのやり方のほうがいいんじゃない？」とか「その考えは違うと思うよ」と、否定的な意見を言います。こちらが話しかけているのに、気がつくといつもBさんの独演会になってしまいます。

さて、あなたはどちらの言うことを聞きたいと思いますか？

Aさん、と答える方がほとんどでしょう。

ここで大事なのは、Bさんも部下のことを思って発言しているということです。仕事ができるようになってほしい、適切なアドバイスでサポートしてあげたい、という思いから、つい否定的な発言をしてしまうのです。

Bさんからすれば、「なぜ、こんなにていねいに指導しているのに部下は言うことを聞いてくれないんだ」と考えることでしょう。しかし、Bさんのアプローチでは部下との信頼関係を築くことは難しいのが現実です。

たとえそのつもりはなくても、部下からするとBさんからのアドバイスは自分の成長を願ってのものではなく、Bさん自身の都合によるものだと考えてしまうのです。

「私の言うことさえ聞けばうまくいく」「上司の業務命令に従いなさい」「年上で経験豊富な私の言うことを聞けば失敗しない」と、無理やり行動させても、万事うまくいくわけではありません。むしろ、反発されてしまうことのほうが多いのです。

これは、家族や友達同士の関係においても同じです。

「親子なんだから、夫婦なんだから、友達なんだから信頼関係ができていて当然」と安易に考えないでください。Bさんのようなアプローチを繰り返していると、近しい人であっても信頼関係は簡単に崩れてしまいます。

身近な人が言うことを聞いてくれないという方は、一度ご自身の言動を振り返ってみてください。

「信頼関係を築く」と聞くと、ハードルが高いように思えますが、実はそれほど大変なことではありません。日常のやりとりをちょっと変えるだけでも相手との関係を深めることができます。第1章では、そのためのコツを5つ紹介します。

どれも、すぐに実践できることばかりですので、ぜひ取り入れてみてください。

01

相手を否定しない。どんなときでもまず「認める」

こんな相手にオススメ

- □ 職場の新人
- □ 家族や友人など身近な人

実践のコツ

「そうなんだ」を口グセにしてみる。

相手の行動力を奪い、「先延ばし人間」にする最強の方法が2つあるのですが、あなたは知っていますか？　**1つめは、「相手を否定する」ことです。**

相手のあいさつ、態度、質問、意見、提案、アイデア、努力、性格など、とにかくすべてを否定する。これをすると相手はやる気も自信も失い、確実に行動から遠ざかります。

上司や同僚、お子さんに対して「なんで動いてくれないんだろう」と悩んでいる方は、まずご自身の日々の言動を振り返ってみてください。

「私は、否定しないように気をつけている」という方も注意が必要です。**なぜなら、相手を否定する方のほとんどは、「相手の足を引っ張りたい」「相手に失敗してほしい」と思っているわけではなく、相手に期待し「変わってほしい」と思っているからです。**

相手のことを思うあまり「善意の否定」をしているわけです。だから、自らの言動が原因で相手が行動できなくなっていることに気づいていないのです。

私にも苦い経験があります。次男が小学校1年生のとき、地域の「ちびっこマラソン」に挑戦しました。1年生と2年生のグループで、息子は3位をキープしていたのですが、ラスト50メートルで後ろを振り返ってしまい、1人に抜かれてしまいました。

とはいえ、1年生での4位入賞は大健闘です。しかし当時の私は頑張って走り終えた息子に「おめでとう！」と言えませんでした。「3位までに入ればメダルも賞状ももらえたのに、どうしてゴール前で振り返ったりしたんだ！」と、否定的な言葉をかけてしまったのです。その後しばらく、息子は何かに挑戦するのをためらうようになりました。

誰だって、こんなふうに自分の言動を否定され、ダメ出しされ、批判されたら嫌になります。ではどうすればいいのでしょうか。

簡単にできることは「否定の相槌」ではなく、「肯定の相槌」を使うことです。

「否定の相槌」とは「えーっ！」「それはないよ」「だから言ったでしょ」「ダメ」「やるって言ったじゃない」「約束したよね」「でもさ、それってどうなの？」といった言葉です。

相手があなたの意に沿わない行動をとったとき、もしくは期待していた成果を挙げられなかったときなど、こんな相槌を打っていないでしょうか？

「たかが相槌ひとつで、やる気をなくされても困る」「相槌の影響なんて、たいしたことがない」と感じた方もいるはずです。しかし、否定される側になってみると、それが些細なひと言だったとしても、いかにやる気や自信を奪っているかがわかるはずです。

一方の「肯定の相槌」とは、「そうなんだ」「そうだったんですね」「今そういう気持ちなんだね」「そうだね」といった言葉です。

よくセミナーや講演でこの話をすると、「否定の相槌を使うなと言われると、何も言えなくなってしまう」「こちらの気持ちが伝わらない」「ストレスが溜まってやっていられない」と言われることがあります。また、「自分が同意できないことに肯定の相槌など打てない」「自分は相手の行動や成果に責任をとる立場だから、間違ったことを肯定するような無責任な対応はできない」という方もいます。

ここで知ってほしいのは、肯定の相槌には自分の価値判断を入れなくてもいい、ということです。肯定の相槌は、いい悪いという価値判断や評価、自分が相手を認めたことを意味するものではありません。相手に「同意」できなくていい、もっと言えば「共感」できなくても、肯定の相槌を使うことはできます。

なぜなら、相手の状況、感じていることや話していることを、「一度受けとりました」というのが「肯定の相槌」だからです。「あなたは、そう思ったんですね」「あなたは、そう受けとったんですね」「あなたは、そうしたんですね」……。これが「肯定の相槌」です。

もちろん、肯定の相槌は瞬時に相手を「すぐやる人」に変える特効薬ではありません。しかし、肯定の相槌を続けていくことで、相手があなたの話を聞いたり、あなたの思いを受け入れる素地ができてきます。まずは、「肯定の相槌」から始めてみましょう。

ここがポイント

相手の話に「同意」「共感」できなくても、「一度受けとる」ことはできる。

02

「自分2：相手8」の割合で話すと相手の行動スイッチが入る

こんなときにオススメ

- ☐ 部下や後輩が悩んでいるとき
- ☐ 相談されたとき

実践のコツ

「自分の話」をする前に「相手に質問」してみる。

相手を「先延ばし人間」にする最強の方法、**2つめは、「自分が一方的に話す」です。**

職場の部下や後輩、子どもなどに対して、「動いてもらいたいから、一方的に長時間話してしまう」ことってありませんか。

相手のことを思うあまり、あるいは相手を納得させたいがために、行動することのメリットや先延ばしにすることのデメリット、効率的なやり方、自分がかつてした苦い経験、ちょっとしたコツなど……、話し始めたら伝えたいことがたくさん出てきて、ちょっと話しすぎてしまったかも……。

一度ご自身のことを振り返ってみてください。

「相手に動いてもらいたい」とき、「自分が話す」割合と、「相手の話を聞く」割合はどれくらいですか?

コーチングを学ぶ前の私は、「自分が話すのが8割、相手の話を聞くのが2割」くらいでした。実は、これが相手の行動力を奪う原因になっていたのです。

なぜなら、「話すこと」は、「聞くこと」よりも、行動につながりやすいからです。

話すことは「放す」こと。話しているうちに自分の考えが明確になったり、整理されたり、自分の感情を外に出すことで気持ちを切り替えることができます。逆に、一方的に話を聞かされたほうは、相手の意見や考えを押しつけられるだけなので、自分の考えが整理されるわけでも、気持ちが切り替わるわけでもありません。**とくに、自分が興味のないことについて長時間聞かされることで、モヤモヤやストレスが溜まります。すると、行動につながらないどころか、動く気がなくなってしまうことさえあります。**

一方、話をした側のやる気は高まるので、話し手側は、「相手にとって、いいことをした」という達成感や満足感を得られます。こうしたミスマッチが、聞き手側の行動力とやる気をさらに奪ってしまうのです。

逆の立場になって考えてみてください。仕事でミスをしたり、先延ばしにして迷惑をかけてしまったとき、こちらの言い分も聞かずに長々とお説教をされる……。さらに、相手のやり方を押しつけられたりしたらどうでしょうか。

ミスや先延ばしをなくすための原因分析や対策を一緒に考えてくれるわけでもなく、一方的に話を聞かされただけなので、気持ちも考えも整理されません。むしろ、さらに落ち込んだり、嫌な気分になったりして、行動から遠ざかってしまうはずです。ところが、そんなときに話し終えた相手を見ると、なぜかスッキリした顔をしているわけです。

そもそも、人は一度にたくさん情報を受けとっても、それらをすべて処理することはできません。長時間お説教しても、教えすぎ、説明過多になってしまい、結局相手の行動につながらないのです。これを、「オーバーティーチング」と言います。

相手を「すぐやる人」にしたいのなら、普段から「話す割合」と「聞く割合」を意識してください。**相手の話を聞く割合が8で、自分が話す割合が2、せいぜい7対3まで、と考えましょう。**

自分の話す割合を2に近づけるポイントは、自分の言いたいことをいきなり相手にぶつけないこと。

自分の意見や考えは一度脇に置いて、「どうだった?」「どう感じた?」「どう思う?」「どうしたい?」といった相手の状況を確認する「質問」から始めてください。

そうやって相手の話や考え、気持ちを聞いたあとに、自分が伝えたいことを3つ以内に絞って簡潔に伝えるようにしましょう。

ここがポイント！

相手に動いてもらいたいなら、話し合いの「主人公は相手」と考えよう。

03 「あなたはこうすべき！」を、「私はこうしてほしい」に変える

こんなときにオススメ

- □ 言いにくいことを伝えたいとき
- □ 何かを依頼するとき

実践のコツ

「命令」を「お願い」に変えてみる。

自分の要求を相手に伝える方法は、大きく分けると2つしかありません。**Ｙｏｕ（ユー）メッセージと、Ｉ（アイ）メッセージです。**

「Ｙｏｕメッセージ」とは、「相手を主語」にして伝える方法です。たとえば、「あなたはこれをやりなさい」「あなたはこうすべき」といった伝え方です。

一方の「Ｉメッセージ」は、「自分を主語」にする伝え方です。「私はこうしてほしい」「これをしてくれると私は助かる」というように自分の要求を伝えます。

大多数の方は、仕事でもプライベートでも日常的にＹｏｕメッセージを使っています。しかし、相手とうまく信頼関係を築けている方は、「意識的に」Ｉメッセージも使っています。

Ｙｏｕメッセージには、「〇〇しなさい」と端的に要求を伝えられる半面、相手の行動や思考に介入することになるので反発されやすいというデメリットがあります。

その点、Ｉメッセージは多少まわりくどい表現になるものの、**否定したり、相手の行動や思考を制限したりせずに自分の主張を伝えることができるため、相手がメッセージを受けとりやすいというメリットがあります。**

相手を尊重しながら自分が伝えたいことも主張できるので、Ｙｏｕメッセージ一辺倒よりも相手との信頼関係を築きやすいのです。

Ｉメッセージを使う際のポイントは、自分を主語にして、相手の行動による「自分への影響、変化、期待（感情や状態）」を伝えることです。

「そう言われても、ピンとこない」という方のために、いくつか例を挙げておきます。

●提出書類の誤字脱字やミスを確認してほしいとき

「誤字脱字やケアレスミスくらい、自分でちゃんと確認して！」→「提出前に一度自分で確認してもらえると、ミスが減るので助かります」

●パートナーや子どもに家事を手伝ってほしいとき

「忙しいから、お皿くらい洗って！」→「今忙しくて大変だから、お皿を洗ってくれるとすごく助かる」

●静かにしてほしいとき

「うるさいから静かにして！」→「静かにしてもらえると、作業に集中できて助かるな」

相手の言い方がキツいとき

「そんな言い方をするなんてひどい！」「言い方がキツくない？」→「そんな言い方をされると悲しい」「そう言われると、私は傷つく」

いかがでしょうか。ちょっと言い方を変えるだけでずいぶん印象が変わると思います。

もちろん、場面によってはメッセージが明確で端的に伝わるＹｏｕメッセージが必要なこともあります。しかし、こればかりだと雰囲気も関係性も悪くなっていきます。相手に動いてほしいなら、適度にＩメッセージを活用していきましょう。

具体的な頼み方や指示の出し方については第２章でお伝えしますが、ここではまず伝え方を変えるだけで、相手との信頼関係が変わるということを覚えておいてください。

ここがポイント

相手に対する「要求」ではなく、「自分の気持ち」をメインに伝えよう。

04

相手そのものではなく、「相手の興味関心」に関心を持つ

こんな相手にオススメ

- □ すれ違いが起きている人
- □ 気が合わない人・苦手な人

実践のコツ

目線を「相手」から「相手が見ている先」にずらす。

前述の通り、コミュニケーションの基本は、話すことよりも、「いかにして聞くか」にあります。そのとき、意識の向けどころが重要になります。

よく**「相手の目を見て話しましょう・聞きましょう」**などと言われます。**しかし、相手に関心を持とうとして、相手の顔を覗き込むようにして聞くと、相手はどう感じるでしょうか。相手としては、とても話しにくい状況が生まれます。**

また、相手そのものに関心を持とうとしても、なかなか難しいこともあります。とくに仕事の場面ではそうですが、たとえば、個人的に気が合わない部下に興味を持とうと思っても、気持ちが動かないことのほうが多いでしょう。部下からしてみても、無理やり自分に興味を持とうとする上司に対して好感を抱くことはほぼありません。むしろ、怪しまれたり、煙たがられたりするはずです。

誰だって、科学の実験対象や動物園のパンダを見るように観察されたらいい気はしません。さらに、コミュニケーション自体が、上司が部下を意のままに使い倒すための手段・戦術だとしたら、信頼関係は深まるどころか、崩壊してしまいます。

では、どうすればいいのでしょうか。

相手に興味を持てないときは、無理して関心のあるフリをしなくてもいいのです。そのかわりに、相手そのものではなく、相手が話す世界観、相手の興味関心に意識を向けてみましょう。

先ほどの動物園のパンダであれば、パンダ自体をじーっと観察するのではなく、パンダが食べている笹や遊んでいるおもちゃに注目すればいいのです。

そして、相手の興味や関心があることを見つけたら、その話を徹底的に聞くことです。すると、相手は「受け入れてもらえた」と感じ、安心して心を開き、話を聞いてくれた人を信頼し始めるのです。

仕事の話に戻りますが、部下の興味関心があること、たとえば趣味など熱心に打ち込んでいることに対して関心を持つようにすれば、自然と雑談が弾み、業務以外のつながりをつくるきっかけになります。

子育ても同じです。自分の興味があるところに無理やり子どもを巻き込んだり、子ども自身をじーっと見るよりは、子どもが熱中していることに一緒に熱中してみると、あっさり理解できることがあります。

以前実施した研修で、この「意識の向けどころ」についてお伝えしたところ、さっそく仕事の現場で実践された方から、次のような感想をいただいたことがあります。

相手を凝視するのではなく、相手の世界観・興味関心に関心を持つことの大切さを知り、実践したところ、苦手だと思っていた部下に対しても、普通に対応できるようになりました。

「相手の興味関心」に関心を持つことは、とくに、「苦手だな」と感じている人とのコミュニケーションで威力を発揮します。

苦手なAさんそのものではなく、「〇〇に興味があるAさん」として接すれば、相手を受け入れやすくなり、ストレスも緩和されるのです。

ここがポイント

意識の向けどころを「相手」から「相手の頭のなか」に変えてみる。

05
「4つの承認」を使いこなすと、相手との距離が縮まる

こんな相手にオススメ

- □ 経験の浅い部下や子ども
- □ 自分に自信がない人

実践のコツ

普段から相手の行動をよく観察する。

相手が自分の思うように動いてくれないと、「相手のダメなところ、できていないところ」ばかりに目が行きがちです。しかし、「ダメ出し」するだけでは、相手との信頼関係は深まりません。

信頼関係を構築するためには「承認」が必要です。承認とは、「できているところ」を指摘することです。

こう聞いて、「褒めるのがどうも苦手で……」と考える方もいるでしょう。ですが、「承認＝褒める」ではありません。**「褒める」ためには、相手に対する評価が必要です。これに対して「承認」は、相手のできている箇所について、「事実を指摘する」だけです。**

相手を承認することができれば、「この人は、私のことをちゃんと見てくれている。わかってくれている」という安心感が生まれ、それが信頼関係につながっていきます。人は自分のことを深く知ろうとしてくれる人の言うことに耳を傾けたくなるものなのです。

承認には、４つのパターンがあります。順番に解説していきましょう。

❶ 結果承認

文字通り、仕事や勉強、プライベートで「結果」「成果」が出たとき、それを指摘することです。「おめでとう」「目標にしていた結果・成果が出たね」といった具合です。

「結果承認」は相手にとってわかりやすいので、行動を促す効果があります。

ただし、これを多用しすぎると「また次も成果を出さないといけないのか」「成果を出し続けないと認めてもらえないのか」と、相手にプレッシャーを与えることにもなりますので注意が必要です。

❷ 行動承認

どんな人でも、仕事や勉強で卓越した成果・結果を出し続けるのは難しいものです。また、団体スポーツやコンペなど、自分ひとりで完結できないことは、本人の行動や努力だけで成果・結果をコントロールできません。

こういうときは、成果・結果を出すための行動や努力といった「プロセス」にフォーカスして承認しましょう。これを「行動承認」と言います。

たとえば、「手持ちの案件で忙しいなか、新規プロジェクトのためにも時間を使ってくれたね」「今回の試験、目標点数には届かなかったけど、毎日3時間自習できたね」などと、プロセスを承認するのです。

行動承認のメリットは、成果が出にくい状況でも「どんな行動をすべきか」が相手に伝わりやすいこと。また、「この人は、成果が出ないときでも、自分を認めてくれている」

ということが相手に伝わることです。結果的に、相手の主体的な行動につながります。

❸ 存在承認

さらに、見落としがちなのが、「あなたがいてくれて助かる」「ありがとう」という、相手の存在そのものへの承認です。自分自身が忙しくて、気持ちにも時間にも余裕がなくなると、「存在承認」を忘れがちです。この状態が続くと、相手は「自分は大事にされていない」「自分はここにいなくてもいいのかも」と思ってしまうことがあります。

朝、笑顔であいさつする。何かしてもらったら「ありがとう」と伝える。元気がなさそうなら「どうしたの？　大丈夫？」と声をかけるなど、簡単なことでいいのでやってみてください。

存在承認は、相手の調子がいいときでも、そうでないときでも効果を発揮します。というのも、人は「自分が尊重されている・認められている」と感じたときに、はじめて安心して目の前のことに取り組めるからです。

さらに、相手の調子が悪かったり、なかなか成果・結果に結びつかずに自信をなくしているときは、存在を承認されることによって、「もう一度頑張ってみよう」とふたたび動き出すためのきっかけになることがあるので、意識して使ってみてください。

❹ 第三者からの承認

これは、「○○さんが、あなたの仕事ぶりを褒めていたよ」「この前のお客さんが、感謝していたよ」という事実を伝えることです。

この「第三者からの承認」は、結果承認や行動承認をしても、「そんなのたいしたことないです」「そんなに褒められても、これ以上はできません」などと、承認を受けとらない相手や、承認されることに抵抗がある人に効果的です。

あなたではなく第三者が話したことなので、否定しにくいからです。

承認は難しいことではありません。感情を込める必要も、賞賛する必要もありません。ただ、相手の行動をよく観察して「できているところ」を見つけてシンプルに「これはできているよ」と指摘するだけ。ぜひ、試してみてください。

ここがポイント！

「できているところ」を見つけて、「指摘」するだけで「承認」になる。

COLUMN

1

話すときは、必ず相手を名前で呼ぼう

相手との信頼関係を築くための最もシンプルで効果的な方法を知っていますか？

それは、話をするときに「相手を名前で呼ぶ」ことです。

「今さら、そんな当たり前のことを言われても……」「そんなこと、誰でもできることだし……」と思った方もいることでしょう。

しかし、「知っている」と「やっている」は違います。私たちは、簡単なことほど軽視してしまいがちです。

実際、職場や家庭、友人同士の会話のなかで、「ねえ」「ちょっと」「あのさ」「あなた」「君」「おまえ」といった言葉で相手を呼んでいませんか？

実は、名前を呼ばずに会話をすることは、相手に「大事にされていない」「名前すら覚えてもらっていないのか」という印象を暗に与えてしまうのです。

昔はパートナーのことを名前で呼んでいたのに、今は「ねぇ」「ちょっと」などと名前を呼ばずに話している。会社で部下のことをいつも「君」「あなた」と呼んでいる……。こんな方もいるかと思います。**名前で呼んでいない相手との関係を振り返ってみてください。「100%うまくいっています！」という方は少ないのではないでしょうか。**

以前、息子の成績が上がらなかったため、通っている塾を変えたことがあります。そこでとても驚いたことがありました。新しい塾は、同学年だけでも60人ほど、ほかの学年も合わせると、200人以上が在籍していました。にもかかわらず、教室長の先生も各教科を担当する講師の方も、生徒全員のフルネームを完璧に覚えていたのです。

もちろん授業中も「はい、田中さんどうぞ」「鈴木さん、ここまででわからないところはある？」といった具合に、生徒のことを毎回名前で呼んでいました。

その前に通っていた塾は、1クラス15人程度の小規模だったにもかかわらず、名前で呼ばれることはなく、「いちばん前の人」「はい次」といったように「席順」で呼ばれるだけでした。

新しい塾に通うようになってから、長男の成績が徐々に上がり始めました。「教え方がうまかったから」ということもあったと思いますが、勉強への取り組み方が目に見えて変わったのです。聞いてみると、名前を呼ばれることで、「自分は大事にされている」「生徒1人ひとりをよく見てくれている」ということが伝わったとのことでした。

その結果、わからないことや勉強の仕方、ノートのとり方、定期テスト対策といったことを積極的に先生に質問したり、相談したりするようになりました。

以前の塾では、自ら質問や相談に行ったことは一度もありませんでした。長男の何げない話から、人を名前で呼ぶことの重要性に改めて気づきました。

家族や友人はともかく、仕事となるとかかわる人が増えるため、全員の名前を覚えるのも大変かもしれません。**しかし、相手を名前で呼ぶことは「あなたを1人の人間として尊重しています」「あなたのことを大切に思っています」という思いを示せる最も効果的な方法です。**

最初は大変かもしれませんが、その苦労以上のリターンを得ることができますので、ぜひ実践してみてください。

第2章

「あとでやります」がなくなる！指示の出し方・頼み方

こちらの依頼を
相手にとっての
「自分事」にすれば、
「あとでやります」が
「すぐやります」に変わる

皿洗い、電球の取り換え、ゴミ捨て。
日報の提出、メールの返信、調べ物。

こうした、ちょっとした依頼やお願いをしたとき、「あとでやります」と、すぐにやってもらえないと、イライラしてしまいがちです。

たいしたことではないのに、つい感情的になって必要以上に相手を責めてしまい、後悔する……。

もちろん、相手を叱りつけるなど、こちらが強い態度に出れば、そのときは言うことを聞いてくれるかもしれません。しかし、毎度怒っていてはこちらの身が持ちません。

基本的に人は自分のやることは自分で決めたいし、好きなように過ごしたい、自分の都合で行動したいのです。これは、人間の根源的欲求の1つですからどうしようもありません。

とはいえ私たちは、立場や役割上「人を動かす」必要に迫られることがあります。

また、相手が動いてくれないからといって、自分ですべて抱え込んでしまうと疲弊してしまいます。

では、どうすれば相手は頼んだことをすぐやってくれるようになるのでしょうか。

ポイントは、あなたの指示や頼み事を相手にとっての「自分事」にしてもらうことです。「頼んだことをすぐやらない」というのは、それが頼んだ側の都合だからです。つまり「他人事」なのです。

逆に言えば、相手にとって「それをやることで何らかのメリットがある」。もしくは、「やらないと不利益がある」ととらえてもらえれば、自ら取り組んでくれるようになります。

「はじめに」でお伝えしたように、頼み事をあなたと相手の「共同の課題」に変えていけばいいのです。

こちらの頼み事を「共同の課題」に変える際は、相手の立場に立って考えることが重要です。こう聞くと難しく感じるかもしれませんが、考え方を少し変えるだけでも結果は変わります。

なかには、「私は頼むのが苦手だから」「何度もお願いするのは気が引ける」「性格的に強く言えない」という方もいることでしょう。

でも心配はいりません。第2章では、何度も頼んだり、強い言い方をしたりしなくても相手が動いてくれる方法を紹介します。

シチュエーション別にできるだけ具体的な頼み方、指示の出し方をお伝えしますので、頼むのが苦手という方でもすぐに取り入れていただけると思います。

とくに、感情的になってしまうことが多く疲れている方、相手が動かないからとあきらめて、すべて自分で抱え込んでしまっている方は、ぜひこれから紹介するコツを試してみてください。

06

簡単なお願いをなかなかやってくれないときは、「いつだったらできそう？」を付け加える

こんな相手にオススメ

☐ 家族など身近な人

☐ 頼んだことをすぐ忘れる人

実践のコツ

簡単なことほど「ていねい」にお願いする。

「食器を洗っておいて」と家族に頼んでもなかなかやってくれないので、結局自分でやってしまう。

夫に「電球を交換して」と2日前から頼んでいるのに、まだやってくれない。

子どもに「早く布団に入りなさい」と注意しているのに、ずっとテレビを観ている。

「脱いだ靴はそろえなさい」といつも言っているのに、誰もやってくれない。


こうしたことで、日々イライラしている方も多いのではないでしょうか。

どれも、実際に動いてみれば5分以内で終わることばかりです。だからこそ、「自分のことくらい、言われなくても進んでやってほしい」「なんでこんな簡単なこともやってくれないの！」とイライラするわけです。

一方で、言われた側からすると「こちらの都合も考えずに一方的に言われるから嫌になる」「今やろうとしていたのに出鼻をくじかれた」「リラックスしているときに限って細かいことをガミガミ言うからイラッとする」と感じているかもしれません。

たとえ簡単にできることでも、こちらから一方的にお願いすると、「高圧的」「無理強い」と受けとられて、かえって反発されてしまうことがあります。

さらに、いつも一方的に指示やお願いばかりしていると、相手の主体性や自律性が徐々に失われるだけでなく、おたがいの信頼関係も崩れてしまうことがあります。

とはいえ、やってほしいことを伝えなければ、「すべて自分でやる」「相手が着手するまで、ひたすら自分だけがガマンする」ことになってしまいます。


では、こんなときどうしたらいいのでしょうか。

結論から言うと、いつも通りお願いしてＯＫです。

ただ、会話を終える前に、次の一文を付け加えてください。


「いつだったらできそう？」

先ほどの例であれば、

「廊下の電球が切れていて不便だから、換えてほしい。いつだったらできそう？」

「自分が脱いだ靴は自分でそろえるのがわが家のルールだけど、さっき脱いだ靴、いつだったら自分でそろえられる？」

といった具合です。

自分がやってほしいことを一方的にお願いしても、頼まれたほうは、自分のペースを乱されて、イライラ・モヤモヤしてしまい、「はい、今すぐやります！」とはなりません。

しかし、言いっぱなしで終わらせずに、「いつだったらできそう？」と相手の状況やペースに配慮するだけで、「やらされ感」が薄まり、相手に主体性が芽生えてきます。

「明日のプレゼンの準備頼むね」「お風呂掃除を手伝って」などと、明確に指示やお願いをしているのに相手が動いてくれない……。そんなときは、「自分でやってしまおう」という気持ちをグッと抑えて、「いつだったらできそう？」を付け加えてみてください。

たったこれだけのことで、あなたの日常生活のイライラを減らすことができるはずです。

ここがポイント

相手に「行動の主導権」を渡すことを意識しよう。

07

相手に何か要求するときは、まず「予告」する

こんな相手にオススメ

- ☐ 忙しい人
- ☐ 自分のペースを大事にする人

実践のコツ

相手が「今どういう状況なのか？」を見極める。

たとえば、子どもに宿題をやってほしいとします。

放課後、ゲームに熱中している子どもに対して、「ゲームをする前に宿題を終わらせなさい。いつも言ってるでしょ！」と叱る。お子さんがいる方なら一度はこんな場面を経験されたことがあるかと思います。

もしかしたら「毎日です」という方もいるかもしれません。

そのとき、「はい、わかりました！　今すぐゲームをやめて宿題をやります！」と言われたことがあるでしょうか？　残念ながらそんなケースは皆無でしょう。

たいていの場合、「今いいところだから、ひと区切りしたらやるね」「いちいち言われなくても、ちゃんとやるから放っておいて！」「うるさくてゲームに集中できないから、あとにして」「これが終わったらやろうと思っていたのに、ガミガミ言われてやる気がなくなった！」と、結局宿題は後回しになってしまいます。

これでは双方がイライラするだけで、なんの解決にもなりません。イライラが積もり積もった親の言葉は徐々にキツくなり、それに比例して子どもはどんどん不貞腐《ふてくさ》れる。結果的に、宿題をやらずに翌朝を迎えることもあるでしょう。

私自身も2人の男の子の親ですから、以前はこんな葛藤を抱え試行錯誤してきました。

そんな毎日を脱却するヒントをくれたのは、コーチング界の草分けである、伊藤守さんの**「コミュニケーションはキャッチボール」**という言葉でした。

先述の「ゲームをする前に宿題を終わらせなさい。いつも言ってるでしょ！」という声かけは、「キャッチボール」と言えるでしょうか？　これは「ドッジボール」です。自分の言いたいことを一方的に「投げつけ」、「言いっぱなし」で終わっているからです。

ちょっと想像してみてください。ゲームに熱中している子どもに、いきなりボールを投げつけたらどうなるでしょうか？　相手は驚くでしょうし、ボールをとれるわけがありません。相手がとれないボールを投げつけているわけですから、「ドッジボール」になってしまうのです。相手に動いてほしいなら、ボール（言いたいこと）を受けとってもらうための「キャッチボール」をする必要があります。

やることはとてもシンプルです。ボールを投げる前に、「これからあなたに向かってボールを投げますよ」と予告する、もしくは「キャッチボールしませんか？」と誘って、相手の同意を得てから話せばいいのです。

宿題の例で言えば、いきなり「宿題をやりなさい！」と言うのではなく、まず「今ちょっと話したいんだけどいい？」「宿題の決まりについて確認したいから、キリのいいところで教えて」と予告したうえで、なぜ今宿題をすべきなのかを説明します。そうすれば、おたがい感情的にならずに話ができますから、宿題に着手する可能性が高まります。

これは仕事のシーンでも同じです。たとえば、明日までに仕上げるよう部下に頼んでおいたプレゼン資料を客先に出す前に確認したいとします。忙しそうに仕事をしている部下に、いきなり「この前頼んだ資料、やっぱり今日中に仕上げてくれない？」と言っても「今、忙しいんで」と断られるのがオチでしょう。

そうではなく、**「ひと区切りついたところでちょっと話してもいいかな？」などと事前に予告したうえで、「この前頼んだ資料、念のため事前に確認しておきたいから、今日の17時までに仕上げてもらえないかな？」と理由も含めて説明すれば「わかりました」と言ってもらえる確率が上がります。**

当たり前のことに思えますが、コミュニケーションで悩むときは、この「当たり前」ができていないことが意外に多いのです。仕事や子育てで相手が動いてくれないと悩んでいる方は、まずご自身の「声かけのタイミング」を振り返ってみてください。

ここがポイント！

「自分の都合がいい」タイミングではなく、「相手にとって都合がよさそうな」タイミングで話しかけてみよう。

08 人に手伝ってほしいときは、楽しそうな雰囲気を醸し出す

こんなときにオススメ

□ 協力者がほしいとき

□ 1人で仕事を抱えすぎているとき

実践のコツ

自分の言葉、表情、仕草を意識する。

毎回会社の飲み会の幹事を任せられるけど、誰も手伝ってくれないからいつも1人でやっている。

学生時代の友達みんなでよく旅行に行くけれど、ホテルや航空券の手配はいつも私。みんなは旅行に来るだけで何もしてくれない。

読者のなかには、こういうことでモヤモヤしている方もいるのではないでしょうか。きっとあなたは「頼まれると断れない、責任感の強い、優しい方」なのでしょう。好きでやっている場合は別として、仕方なく、ガマンしながらやっているのだとしたら、自分1人で抱え込む必要はありません。実は、このスパイラルから抜け出す方法があります。

ポイントは、「なんだか楽しそう！」という雰囲気づくりです。

たとえば、子どもに「体にいいからピーマンも食べなさい！」と言ったとき、あなた自身が眉間《みけん》にしわを寄せて、水と一緒にピーマンを無理やり流し込んでいたら、子どもは食べたくなると思いますか？

「親が無理してでも食べているピーマンは、よほど健康にいいのだろうから自分も食べよう！」と考える子は、ほぼいないでしょう。ほとんどの子が「なんだか、おいしくなさそうだからやめておこう……」と感じるはずです。

このように、あなたが「なんだか辛そう」「大変そう」「面倒くさそう」「無理してそう」といったネガティブな雰囲気を醸し出していると、それは相手にも伝染します。

ここで、少し思い出してみてください。飲み会の幹事や旅行の手配をしているとき、あなたは「どんな思い」でやっていますか？

「こんなに大変なのに、なんで誰も手伝ってくれないの！」「私ばかり面倒な役割を押しつけられて損をしている！」「こんなに頑張っているんだから、ねぎらいのひと言くらいあってもいいはず！」という雰囲気が出ていないでしょうか。**あなたが大変なのはみんなわかっています。でも、「大変そう」だから、誰も手伝いたくないのです。**

誰かに手伝ってほしいときは、まずあなたが発している「言葉」「表情」「音」「仕草」が、相手にとって近づきたいと思えるものかどうかを振り返ってみてください。眉間にしわを寄せ、ため息をつきながら、パソコンのキーボードを強くたたいたりしていませんか？

余裕があるときならまだしも、余裕がないときに面倒なことを押しつけられたら、誰だってイライラしたり、うんざりしたりします。でも、「つらい、苦しい、暗い、重い」という雰囲気を醸し出していると、相手に「不快回避」のスイッチが入ってしまいます。詳しくは第5章で解説しますが、「不快回避」とは、「嫌な思いをしたくない」というデメリットを避けるために行動することです。

誰でも、不機嫌な人には近寄りたくないし、面倒は避けたいもの。あなたがネガティブな雰囲気を醸し出していると、なんとなく「嫌な予感」がするので相手は逃げ出したくなるのです。相手の心理がこんな状態では、どんなに魅力を伝えたり、ていねいに説明したりしても、手伝いたいとは思えません。

逆に、「なんだか楽しそう！」という雰囲気を醸し出していると、相手の心に「快追求」のスイッチが入りやすくなります。「快追求」とは「楽しい」という感情を得るために行動することです。**「楽しそう、面白そう」といった「いい予感」がすると「快追求」のスイッチが入り、相手に近寄りたくなる、言うことを聞きたくなる、一緒にやりたくなるのです。これは、人を巻き込むうえでとても大事なポイントです。**

仕事でも遊びでも、人に手伝ってほしいときは、「まず自分が楽しみながら取り組む」ことを意識してみてください。そういう「軽やかさ、身軽さ、楽しさ、明るさ、ユーモア、余裕」が相手に伝染し、「ちょっと手伝ってみようかな」と考えるようになるのです。

ここがポイント

人に手伝ってもらいたいなら、まず自分自身が楽しむ。

09 何度も注意したくないなら、相手に15分の猶予を与える

こんなときにオススメ

- □ 相手がダラダラしているとき
- □ 相手がくつろいでいるとき

実践のコツ

相手のペースも尊重する。

「日常のちょっとしたことを、いちいち言わなくてもやってほしい」「何度も同じことを言わせないでほしい」と思ったことはありませんか？

たとえば、使った食器を片づける、脱いだ靴下を洗濯カゴに入れる、使ったリモコンやハサミ、おもちゃを元の場所に戻す、玄関に置きっぱなしのランドセルを片づけるといったことです。

どれも些細なことなので、自分でやってしまったほうが早いと感じることもあるでしょう。とはいえ、些細なことでも積み重なると、時間も手間もかかります。

さらに、「本来相手がやるべきことを、なんで私がやらなきゃいけないの！」と不満を抱えながら肩代わりしていると、気づかぬうちにストレスを溜めすぎて、爆発してしまうかもしれません。

こうした些細なことを、一度でやってもらうには、どうすればいいのでしょうか。

たとえば、ランドセルを玄関に置きっぱなしにする子どもに「自分の部屋に片づけて」と言っても、たいていの場合、「今ゲームがいいところだからあとで」「友達と遊ぶ約束をしているからあとで」などと言い訳して、すぐやってくれません。かといって何度も言うと「わかってる」「何度もしつこい」「うるさい」となってしまいます。

親にしてみれば、何度も言いたくないし、「なんでこんなに簡単なことができないの？」と思うこともあるでしょう。

一方、子どものほうは、学校で頑張って疲れて帰ってきたのだから、少しゆっくりさせてほしいし、自分のペースも尊重してほしいと考えていたりします。そして「寝る前までにやればいいや」などと思っているうちに、忘れたり、疲れたり、眠くなったりして、結果的にランドセルを玄関に置きっぱなしにしてしまうわけです。

こんな状況を解決する方法はあるのでしょうか。実は、どこの家にもある、あるものを使うことで解決できます。

それは「キッチンタイマー」です。

やり方は簡単で、15分後にアラームが鳴るようタイマーをセットし、「今すぐやらなくてもいいから、アラームが鳴ったら○○しよう」と伝えます。

たったこれだけで、頼んだことを実行してもらえる可能性が劇的に上がります。

なぜ、タイマーをセットするだけで、相手は動いてくれるようになるのでしょうか。

1つは、人は締切を設定すると、時間内に終わらせようとする傾向があるからです。心

理学の世界では、これを「締切効果」と呼んでいます。

もう1つの理由は、予告を受けていることと、「15分間は自分の自由にできる」という猶予があるので、心理的抵抗が少なくなるからです。

時間的猶予があることで、相手の主体性が尊重され「無理やりやらされている」という感覚がやわらぐのです。

もちろん、それでも動かない場合もあります。その際は相手が今やっていることを強制的に中断してOKです。予告なしに強制介入すると相手も感情的になり、衝突が起きやすくなりますが、事前に予告していると、相手にも思い当たるところがあるので直ちに行動してもらいやすいのです。

最初のうちはうまくいかないこともあるかと思いますが、おたがいが慣れてくると徐々にうまくいくようになりますので、あきらめずに何度かトライしてみてください。

ここがポイント

「自分でやったほうが早い」という考え方を一度脇に置く。

10 指示を出すときは「一度に1つ」を意識する

こんな相手にオススメ

☐ 経験の浅い新人や子ども

☐ 気が散りやすい人

実践のコツ

相手の「キャパシティ」が自分と同じだと考えないよう注意する。

第1章で、「相手の行動力を奪い先延ばし人間にする最強の方法」を2つ紹介しました。実は、もう1つ同じぐらい「先延ばし」に効果的な方法があります。

それは、「マルチタスク」です。一度に「あれもこれもやりなさい」と指示・命令して、キャパシティオーバーにする、つまり、相手の実力や能力、限界を超えることを求め続ければいいのです。

食べ放題のビュッフェを思い浮かべてください。

目の前の相手は、すでに料理が盛られたお皿を両手に持っています。そこに、パンとサラダとデザートを無理やり盛ったらどうなるでしょうか。

席に戻るときに料理をこぼしてしまうかもしれませんし、誰かにぶつかってしまうかもしれません。たとえ席まで無事に運べたとしても食べきれずに残す、無理して食べて苦しくなる、おなかを壊すなど、どう考えてもよくない結果になりそうです。

こう聞くと、「そんな無茶なことはしないよ」と考える方が多いでしょう。でも、これが職場や家庭だと、案外やってしまいがちなのです。

たとえば、出勤直後のスタッフに対して、「今週締切のあの件はどうなった？」「別件だけど、会議の日程、今日中に決めて連絡するように」「先週の出張の旅費精算はまだ？」「そういえば、昨日メールで届いていた、○○商事の件はどうなった？」などと、一度に複数のことを依頼したり確認したりしていませんか？

あるいは、朝目を覚ましたばかりの子どもに対して「早く起きなさい！」「顔を洗って歯も磨いてね」「学校からのお手紙あるなら出して」「給食袋はどうしたの？」「着替えた？」「朝ごはん早く食べちゃいなさい」などと、畳みかけるように指示を出した経験がある方もいるのではないでしょうか。

上司の立場からすれば、これくらいのことは「できて当たり前」。「簡単」なことなのだから、「一度にすべてできて当然」と思うかもしれません。でも相手にしてみたら、出社して息つく暇もなく、指示・命令と確認の嵐となれば逃げ出したくもなります。

子どもにしても、まだ眠くて完全に目覚めていないのに朝からガミガミ言われたら、布団に逃げ戻りたくもなるでしょう。経験不足、実力不足、あるいは体調不良や睡眠不足などで、それどころではない場合もあります。

さらに、矢継ぎ早に指示・命令を受けて、それを処理できないことが続くと、言われたほうは自信を失います。すると、相手は逃げたくなるので、ますます行動から遠ざかってしまうのです。

「マルチタスク」という言葉がありますが、厳密に言えば人は「一度に1つ」のことしか考えることはできません。もちろん体も1つですから、メールと企画書を同時に書く、朝ごはんを食べながら歯を磨くなど、一度に複数の作業を行うことはできないわけです。

ですから、とくに経験の浅い相手に対しては、キャパシティオーバーにならないよう、指示は「一度に1つ」を厳守してください。

相手に動いてほしいなら、一度にたくさんのことを依頼する「マルチタスク」を避け、「シングルタスク」。これを覚えておきましょう。

指示を出すほうは、多少面倒に感じると思いますが、「1つだけ」なら能力ややる気にかかわらず、なんとか対処できます。また、わからないときの質問や相談もしやすくなり、結果として頼んだことが早く終わるようになります。さらに、1つ処理するごとに「達成感」を味わうことができるので、相手の自信にもつながりやすいのです。

ここがポイント

タスクがたくさんある場合は、忘れないよう紙に書いておき1つずつ依頼しよう。

11

相手が乗り気にならないときは、「選択肢を3つ」用意する

こんなときにオススメ

- ☐ 前向きに取り組んでもらいたいとき
- ☐ 指示しても動かないとき

実践のコツ

相手の「好みやこだわり」を把握しておく。

苦手な分野の勉強、つまらない定型業務、部屋の片づけ……。誰にでも気が進まないことってありますよね。とはいえ、上司として、親として、責任者として他者にそういったことをやってもらわなければならない場面はあります。

そんなとき、相手にスムーズに動いてもらう方法はないのでしょうか。実は、いい方法があります。その答えを紹介する前に、「なぜ、気が進まないのか？」について深掘りしてみましょう。

勉強や定型業務、部屋の片づけなどになかなか着手できないのは「やらされ感」があるからです。

どうしても実現したい夢や取得したい資格がある人は、何も言われなくても自ら進んで勉強します。多くの場合、気が進まないのは、それが他者から押しつけられたタスクだからです。定型業務の筆頭である経費精算や日報作成などは、経理部門や上司からの「やらされ感」が強いのではないでしょうか。逆に言えば、自主的に取り組んでもらえるよう工夫すれば、相手が行動に着手しやすくなります。

その際のコツは「選択肢を3つ用意する」こと。行動を起こすタイミングや手段などを3つ提示して相手に選んでもらうのです。

たとえば、子どもに部屋を片づけてほしいとします。その際、「今すぐ片づけなさい！」

と言ってもなかなかうまくいきません。とはいえ、毎回「片づけなかったら夕飯はなし！」「今片づけなかったら、このおもちゃ全部捨てるよ！」といった実力行使を使うのは現実的ではありません。もちろん一定の効果はありますが、毎回やり合うとなるとおたがいに疲弊してしまうし、何より大切な親子の信頼関係が崩れてしまう危険性があります。

そこで、「選択肢を3つ用意する」の出番です。

部屋の片づけであれば、「今すぐ」「夕食前」「夕食後」。あるいは、「今夜」「金曜日の夜」「土曜日の朝」といった具合に、取り組むタイミングを3つ提示して子どもに選んでもらうのです。こうやって着手するタイミングを相手に選んでもらうことで「やらされ感」がやわらぎ、主体性が出てきます。

小学生の宿題であれば、「国語の教科書の音読」「漢字練習」「計算ドリル」など、やるべきことを3つ示し、どれからやるかの判断を相手に委ねます。もし、宿題が2つしかなければ、宿題に使う鉛筆を3種類用意して、そのときの気分でどれを使うか選んでもらうことでも自主性は育ちます。

仕事であれば、「今すぐ取り組んでほしい案件」を3つ用意して、相手に選んでもらうのもいいでしょう。案件が1つしかない場合でも、その案件についてのタスクを洗い出し、「どこから着手するのか」と考えれば、選択肢を3つ用意することができます。

ポイントは、おたがいにとって「実現可能な三択」を考えること。つまり、どれを選んでも当初の目的が達成できて、相手の自由もある程度尊重できて、自分自身も許容できる選択肢を考えるのが、私たちの仕事になるわけです。

ここまで読んで、「選択肢は2つで十分なのでは？」と思った方もいらっしゃることでしょう。**しかし二択にすると、たいていの場合「今すぐ宿題をやるか」「宿題をやらずに先生に怒られるか」といった「本命」と「捨て駒」のような、実際には1つしか選べない選択肢を設定してしまうことが多いのです。**事実上強制になっているにもかかわらず、「自分で選んだのだから、今すぐやりなさい」となったら自主性は育ちません。

少し話はそれますが、ここで紹介したノウハウは、人から相談されたときにアドバイスする際にも有効です。可能な限りアドバイスを3つ用意して、どれを実行するかを相手に選んでもらうのです。私自身もコーチングのセッションの際に活用していますが、相手の判断や思いを尊重できるうえ、前向きに取り組んでもらえるのでおすすめです。

ここがポイント！

「選択肢」は、相手を「行動に着手しやすくする」ために考える。

12

思う通りに動いてくれない人には「完成図」を共有する

こんな相手にオススメ

- □ 初心者や子ども
- □ はじめて一緒に仕事をする人

実践のコツ

相手の経験や能力を考えながら依頼する。

新入社員に、「定例のミーティングで使う会議室を予約しておいてね」と指示したら、予約してくれた部屋が狭すぎて全員入りきらなかった。

学校のイベント準備の際、参加者に配付する資料を「封筒に入れて配れるようにしてください」とお願いしたら、封筒の口を糊づけされてしまい取り出しづらくなった。

家族に洗濯をお願いしたら、翌朝お気に入りの服が乾いておらず、着られなかった。

こんなふうに、動いてはくれるけれど、自分が想定したものと違う結果になった経験はありませんか?

こういうことがあると、「なんでこんなことになるの?」「ちゃんとやってよ!」などと、つい相手を責めたくなってしまいますが、ここはグッとこらえてください。

ここまでお伝えしてきた通り、こういう「ダメ出し」対応をしてしまうと、「そんなにこだわりがあるなら、自分でやればいい」「せっかく手伝ってあげたのに、文句を言われるくらいなら二度とやらない」と反発されてしまいます。

また、「私はこんな簡単なこともできないのか」「何かやると、かえって人に迷惑をかけてしまう」と自信を失い、自ら行動できなくなってしまうことさえあります。

逆に言えば、些細なことでも、相手に「できた」「役に立った」という実感を持ってもられれば、相手の自信を醸成することができます。
思った通りの成果を得るために相手に動いてほしいなら、お願いする側が「伝え方」を工夫する必要があります。といっても、そんなに難しいことではありません。

ポイントは、「イメージ」を共有することです。

実は、私たちの脳は「言葉」では動きません。その言葉から生まれる「イメージ」に反応して動きます。ですから、たんに言葉で「あれをやっておいて」とお願いするだけでは不十分。「完成図」という「イメージ」を共有することが重要です。

「会議室の予約」の例で言えば、そもそも会議に参加したことがない新入社員は、その会社の会議室がどういうものなのかをイメージできません。
また、会議といっても3人程度の少人数で行うものもあれば、30人くらい集まる大きな会議もあります。当然、参加人数によって会場の大きさも変わります。会議に参加したことがない新入社員に会議室の予約を頼むのであれば、それを説明する必要があります。
たんに日時を伝えるのではなく、参加人数や目的、どんなことを話し合うかを伝えたうえで、予約してほしい部屋のサイズや条件を指定する必要があるのです。面倒かもしれませんが、一度ていねいに説明すれば、以降は「前回と同じ会議室の予約をお願いね」ですみます。

資料配付の例のような場合は、実際に1部セットしてみて「これと同じようにやってください」と言えばいいですし、洗濯の例なら、「明日の朝、この洋服を着たいから、洗濯よろしく」と伝えることで、完成図を共有できます。

なんだか当たり前のことのように聞こえますが、私たちはつい相手の受けとり方や知識、経験値、物事に対する考え方のクセなど、そもそも「前提」が自分と違うことを忘れてしまいがちです。ここで例示したような行き違いがよく起こるのは、多くの場合、前提が異なっていることが原因です。とくに、仕事ができる方はつい、「これくらいできて当然だろう」と考えることが多いため、このワナにはまりがちです。

言葉の受けとり方は人それぞれ。だから指示や説明する際は相手が映像としてイメージできるくらい具体性を持たせるか、実際に目の前でやってみる。

これを日常的に実践すれば、相手に「できた！」という小さな経験値が積み上がっていきます。1つひとつは小さいことですが、時間が経つとそれが大きな自信に変わり、自ら行動してくれるようになるのです。

ここがポイント

「自分がわかっているのだから、相手もわかるだろう」という思い込みを捨てよう。

13 「言葉の定義」と「手順」を確認する

こんな相手にオススメ

□ 初心者や子ども

□ 新入社員や転職してきたばかりの人

実践のコツ

曖昧《あいまい》な言葉を使うのをやめる。

前項では、行き違いやトラブルを防ぐために「完成図」を共有しましょうとお伝えしました。実は、これらを防ぐための方法があと2つあります。

それは、「言葉の定義」と「手順」を確認することです。

以前、国語のテストを翌日に控えている息子に向かって「勉強しなさい」と言ったことがあります。親の私からすれば、明日テストがあるのだから当然国語の勉強をするだろうと思っていましたが、子どもはなぜか算数の勉強を始めました。

そのときは、「この子は何をやっているんだ!」とイライラしましたが、その後、私の伝え方が悪かったことに気がつきました。

なぜなら、相手が想定外の行動をしてしまうのは、多くの場合、自分と相手のなかの「言葉の定義」が違っていることが原因だからです。その違いを確認せず、たんに「勉強しなさい」と言ったために認識のズレが起こり、想定と違う行動につながったわけです。

「言葉の定義」を共有できていないことによる認識のズレは、日常生活で本当によく起こります。

たとえば、電車内で騒ぐ子どもに、「ちゃんとしなさい!」と叱ったのに、まったく言うことを聞いてくれなかった、という経験がある方もいると思います。しかし、子どもからすると、「ちゃんと」と言われても、何をちゃんとすればいいのかわからないわけです。だから、とりあえず「はい」と返事をすることで、その場をやりすごそうとします。

では、どうしたら「言葉の定義」を共有することができるのでしょうか。

やり方はとても簡単。何かを指示したあとに、「実際に何をすればいいと思う？」と相手に確認するだけです。そこで、自分が思っていることと違う答えが返ってきたら、「私の言う○○とは、こういう意味だよ」と伝えればいいのです。

もちろん、「国語のテスト勉強をしなさい」とか「算数の宿題をやりなさい」などと、指示に具体性を持たせることで認識のズレをなくすことはできます。ですが、ある程度抽象的な指示を出したうえで、「あなたはどう思う？」「あなたならどうする？」と自分で考えさせることも必要です。

なぜなら、人から言われたことを「ただやる」のではなく、「自分で考えたことを実行する」ことで、その指示が「自分事」になりますし、主体性や自信も育っていくからです。

認識のズレをなくすためのもう1つのポイントは、「手順」を確認することです。

たとえば、「来週の水曜日にいつもの会議があるから準備しておいてね」という指示の出し方では、何度も会議に出席している一部の人にしか伝わりません。

①参加者への連絡と出欠確認　②会議室の予約　③レジュメの印刷……、といったように、「やるべきこと」と「その順序」を明確にすれば、認識のズレがなくなります。

ルーティンワークに関しては、これらを記したマニュアルを作成しておくと、毎回指示を出す手間が省けるのでおすすめです。

繰り返しになりますが、経験値の高い方ほど「こんな簡単なこと、わかって当然だろう」と思ってしまいがちです。しかし、相手にとっては簡単ではないことも多々あります。

実際に行動するのは自分ではなく相手です。だからこそ、自分ではなく相手を基準に考えることが大切です。

ここがポイント

自分ではなく、「実際に行動する相手」を基準に物事を考える。

14 要望が通らないときは、「相手の目線」で考える

こんな相手にオススメ

- □ 親や上司
- □ 仕事などの交渉相手

実践のコツ

「自分の提案は100％通って当然」という思い込みを捨てる。

最新のスマホがほしいのに親が買ってくれない……。

こんなとき、あなたならどうしますか？　「自分の希望通り、最新機種でなければ意味がない」と、あきらめてしまう方もいることでしょう。

このように、「自分の要望が100％通らなければ、受け入れない」という考えだと、相手が自分の思い通りに動いてくれない限り何も得ることができません。

少し振り返ってみてください。仕事や学校、日常生活のなかで、自分の思いや要求、提案が100％通ったことはこれまでどれくらいありましたか？　おそらく、ほとんどないと思います。逆に、0だったことも少ないのではないでしょうか。

多くの場合、「50～60％は受け入れてもらえた」といったところだと思います。そう考えると、半分でも自分の希望が通れば、それは十分な成果と言えるのです。

私たちはつい、提案や頼み事を、相手との「勝負」ととらえてしまいがちです。つまり、「自分が勝つか、相手が勝つか」という二極思考になってしまうのです。これでは、相手を動かすことはできません。

ここで必要な視点は、相手と交渉して「妥協点」を見つけること。その際のポイントは、問いかける「対象」を変えることです。

相手が思い通りに動いてくれないと悩む人の多くは、自分の要求が通らなかった際、相手に対して「どうしてダメなの?」「なんで言うことを聞いてくれないの?」と問いかけます。逆に、うまく相手を動かす人は、自分自身に対して「どうすれば希望が通るだろうか?」と問いかけ、「妥協点・落としどころ」「新たな解決策・切り口」を探ります。この違いが、結果に大きな差をもたらすのです。

妥協点を探るときに大切なのは、「相手の目線」に立って考えることです。その際は、「相手の主張は間違っていて、自分の主張が正しい」という前提で、相手を説得したり、自らの正当性を主張したりしないこと。「もし、相手の判断に合理性があるとしたら、それはどこだろう?」と、自分の価値判断を一度脇に置いて考えてみることが大切です。

先ほどのスマホの例なら、「どんな理由で、スマホを買わないという判断になったのか?」と、親になったつもりで考えてみるわけです。「値段が高いから」「スマホばかり見て勉強しないから」など、親目線で考えてみると、スマホを買ってくれない理由がいくつか出てくるはずです。そのうえで、「妥協点」を見つけて提案してみてください。

たとえば、「値段が高い」のが理由なら、アルバイトやお小遣いから一部を支払う。もしくは、「メモリを増やしたい」「画像がきれいな機種がいい」など、自分のこだわりを明確にして、最新機種以外で自分の希望に近く、値段の安いスマホを探す。

「勉強しない」のが理由なら、「毎日一定時間勉強したあとにスマホを使う」「絶対に使いたい時間以外の数時間はスマホを親に預け勉強すると約束する」……、など、どうしても譲れないところ以外の部分で妥協点を探ります。

このように、相手の目線に立って、自分の思惑通りに動いてくれない原因を考えたうえで、妥協できるところを探ると、相手が動いてくれる可能性が高まります。

これは、仕事でも同じです。たとえば、担当したいプロジェクトがあるのに上司が任せてくれないという場合、自分目線だけに固執すると要望を通すことは難しくなります。

「なぜ、やる気もあって、経験も能力もある私を担当にしてくれないの？　ひどい！」「認めてくれない上司が悪い」という考えでは、相手との妥協点を見出せないし、プロジェクトを任せてもらえない理由や対策を冷静に考えて対処することができません。

「相手の目線に立つ」ことは、簡単なようでいて、いざ実践しようとすると意外に難しいものです。**アドラーは、相手の目線に立つことを「相手の目で見て、耳で聞いて、心で感じること」と表現しています。まずは、「相手の立場、考えを理解しよう」と意識するだけでも結果は変わってきます。**

ここがポイント

相手の目線に立つと、自分も相手も納得できる「妥協点」が見つかる。

COLUMN

2

話を聞くときは「ちょっと笑顔」で聞く

私が企業研修の講師を始めたのは35歳くらいのころだったのですが、自分が話す側になってみて、びっくりしたことがあります。

それは、「相手の聞く態度」によって、「自分の話しやすさ」が変わることです。

ある会場でコーチングセミナーを開いたときのことです。参加者が35人ほどいたのですが、その大半が無表情でした。ほかにも、眉間にしわを寄せたまま聞いている方、終始私をにらみつけている方、腕を組んだまま下を向いたままの方などもいて、非常に話しづらかったのを覚えています。

「あれ、私って歓迎されていない?」「話の内容が届いていないのかな?」「興味のないことを話してしまっているのかな?」「失礼な言動をしてしまったのだろうか?」などと、時間が経つにつれ、どんどん不安が大きくなっていきました。

しかし、しばらくすると、最前列の右端にいた方が「うんうん」と頷いていることに気づきました。さらに、後方に座っていた方の1人が、にこやかに話を聞いてくれているのが目に入りました。「あ、私が話していることを喜んで受けとってくれる人もいる」「少なくとも、あの人には伝わった!」と、はじめて実感できました。

たったこれだけのことで、驚くほど不安が消え、話しやすくなったのです。おかげでその日のセミナーを無事に終えることができました。

後日、いただいた感想を読んでいると、眉間にしわを寄せたまま聞いていた方や私をにらんでいた方が、「はじめてコーチングの力を感じたし、すごく勉強になった」などと非常にポジティブな感想を書いてくれていました。腰を抜かすくらい驚いたと同時に、「私をにらみつけていた」のではなく、「ただ真剣に聞いてくれていただけ」だったということを知りました。


私たちは、視線を浴びる話し手側の立場に立つと、「表情、仕草、姿勢」などを意識します。

しかし、聞く側にまわったとたん、つい油断をして、相手をにらみつけたり、眉間にしわ

を寄せたりしてしまいがちです。

「メラビアンの法則」をご存じでしょうか。これは、「人はコミュニケーションにおいて言語情報から7％、聴覚情報から38％、視覚情報から55％の割合で影響を受ける」という心理学の法則です。

聞き手の表情や態度は「視覚情報」にあたります。つまり、相手とのコミュニケーションがうまくいくかどうかは、「聞き手」である私たちの「態度」で半分以上が決まるわけです。

「すぐやる人になってほしい」と思っている相手に対して、普段どんな表情で接していますか？

たとえ、優しくていねいに話すことを心がけていたとしても、それだけで安心しないでください。相手の話を聞くときに、無表情だったり、相槌を打たずににらみつけるような鋭い視線を送ったりしていませんか？

悪意がなく、ただ真剣に聞いているだけだとしても、その思いが相手に伝わることはありません。こういう状態だと、相手は威圧感やプレッシャーを感じ緊張してしまいます。

話したいことを話せないし、今後あなたとコミュニケーションをとりたいと思えなくなります。

では、話を聞くときにはどんな表情で聞いたらいいのでしょうか。

最も有効なのは、「ちょっと笑顔で聞く」ことです。

よくわからない人は、鏡の前に立って「ウイスキー」と言ってみてください。言い終えたときの口角を見てみると、通常より1ミリほど上がっていることに気づくはずです。これが、私の言う「ちょっと笑顔」です。

とはいえ、いくら口角を上げても、目が笑っていないと不気味です。とくに、深刻な話題の際はどうしても表情がかたくなりがちです。

そんなときは、飛行機に乗って雲の上に行ったときのことをイメージしてみましょう。たとえ地上が嵐であっても、雲の上はいつも青空が広がっています。同じように、今目の前の相手は問題を抱え混乱しているかもしれないけれど、それは「地上」が嵐になっているだけ。本来の相手は、いつも青空でスッキリしているわけです。

そう考えることができれば、気持ちに余裕が生まれます。その余裕があなたの表情をやわらかくしてくれるのです。

第3章

相手が動ける状態をつくる！環境の整え方

行動を邪魔する原因は
さまざま。
シチュエーションごとに
アプローチを変えよう

今日中にやらなければいけないことがある。

以前から挑戦してみたいことがある。

すぐに改善しなければいけない課題がある。


自分のやるべきことがわかっているにもかかわらず、行動に移せない人がいます。

なぜ、わかっているのに動けないのでしょうか。

その大きな原因の1つが、「脳」です。


実は、「わかっているけれど動けない」というのは、その人の能力が低いわけでも、意志が弱いわけでもありません。原因は私たちの脳に備わっている防衛本能です。


脳には、生命維持のため、「変化を嫌う」性質があります。新しいことや難しいことに挑戦したり、今までと違った方法を取り入れたりするよりも、現状維持を選択したほうが生き延びるために有利だと判断してしまうのです。

「命に別状がない限り、新しいことに着手したり、やり方を変えたりすることには消極的である」と言ってもいいでしょう。

もちろん、私たちの行動を阻害する要因はほかにもあります。

オフィスがザワザワしていて集中できない。
心配事が気になって思考停止してしまう。
ネガティブな出来事が原因でモチベーションが下がった。

あなたにも経験があると思いますが、このようなことがあると行動力や集中力を削がれてしまいます。

もしあなたが、身近な人が動かないことにイライラしたりヤキモキしたりしているのなら、それは行動できない原因を相手の能力や意志のせいにしているからかもしれません。

もちろん相手に100%非がないとは言えませんが、多くの場合、その人のコントロールできないところに行動できない原因があるのです。

こう聞くと、何も打つ手がないように感じますが、私たちにできることはあります。

それは、相手が行動しやすいよう環境を整えることです。

「環境を整える」と言っても、たんに部屋をきれいにしたり、オフィスを快適にしたりすることではありません。

ここで言う「環境を整える」とは、相手の行動を阻害する要因を取り除くことです。

詳しくはこれから解説していきますが、たとえば前述の「脳の防衛本能」は、ほんの少し行動することで解除することができます。ですから、行動のきっかけをつくることで、相手が動きやすい状態をつくることができます。

ほかにも、「オフィスがザワザワしているなら、仕事をする場所を変える」「心配事のせいで集中できないのなら、その原因と対策を明確にする」など、シチュエーションごとにアプローチを変えることで、行動を阻害する要因を取り除くことができます。

こう聞くと、当たり前のように思えますが、その当たり前を実行することで相手の行動が劇的に変化します。

繰り返しになりますが、私たちは相手に無理やり行動させることはできません。「相手の課題」を力ずくで解決することはできないのです。しかし、相手が行動できるよう、サポートすることはいくらでもできます。

本章で紹介するコツは、どれもシンプルですぐ実践できるものばかりです。ぜひ試してみてください。きっとあなた自身もラクになるはずです。

15 完璧主義《かんぺきしゅぎ》タイプには、とりあえず10秒行動してもらう

こんな相手にオススメ

- □ 完璧主義の人
- □ 「条件待ち」している人

実践のコツ

あなたもとりあえず一緒に行動してみる。

「せっかくやるなら、しっかり準備してから着手したい」「失敗は避けたいから、事前の計画をしっかり立てたい」「体調が万全で、十分な時間があるときにやりたい」……。

日ごろから、こう考えている方は多いと思います。**一見悪いことではなさそうに思えますが、実はこういう思考をする人は「すぐやる人」とは対極にいます。なぜなら、どんなに優れた人でも、「完璧な準備や計画」はできないからです。**

たとえば、あなたのパートナーが「ダイエットしたい」と言うので、「筋トレをしてみたら？」とアドバイスした場合、「すぐやる人」は、「いいね。今日からとりあえず腕立て伏せをやってみる！」となります。この「とりあえず」がポイントです。

一方、「わかった。いいスポーツジムがないか探してみる」と言われたら要注意。なぜならこういう人は、何カ月もスポーツジムを探し続け、いつまでたってもダイエットに着手できない可能性が高いからです。仮にジムが決まっても「ウェアを用意しなきゃ」とか、「シューズはどんなものがいいかな」と、なかなか行動に移せません。

では、「ちゃんと準備してから始めたい」という完璧主義タイプの人に、私たちができることはあるのでしょうか。

実は、簡単にできる効果的な方法があります。それは「とりあえず10秒だけ動ける環境」をつくるサポートです。私はこれを「10秒アクション」と呼んでいます。

私たちの脳には、生命維持のため基本的に「現状維持」をしようとする防衛本能があります。つまり、性格に関係なく、人は今までやったことがない未知のことに対しては、命の危険がない限り面倒くさがり屋になるのです。**しかし、その防衛本能を打破する方法があります。それが「10秒でいいから、とりあえず動いてみること」なのです。**

脳には「側坐核《そくざかく》」という部位があり、ここが刺激されると、意欲が高まったり、楽しいと感じる「ドーパミン」というホルモンが分泌されます。つまり、脳には防衛本能と同時に、行動を促す「やる気スイッチ」も存在するのです。

側坐核のスイッチを入れる方法は1つしかありません。それは、実際に行動すること。

「頑張って」と応援されたり、「やりなさい」と命令されたり、「やらないと困ったことになるよ」と脅されても、実際に行動しない限り側坐核のスイッチは入りません。

こう聞いて「相手が行動しないからこの本を読んでいるのに」と思った方もいるかもしれません。でも安心してください。側坐核のスイッチを入れるための行動はほんの少し、つまり「10秒程度でできること」でもいいのです。**脳には、大きな変化は受け入れずに元に戻そうとする一方、小さな変化は受け入れる「可塑性《かそせい》」という性質があります。つまり、小さなアクションから始めれば、面倒くさがる脳を動かすことができるのです。**

10秒でできることは限られています。筋トレで言えば、腕立て伏せでも腹筋でも、その場で1回やってみることくらい。しかし、これだけでも側坐核のスイッチは入ります。

つまり、あなたができることは、床を片づけてスペースを確保する、マットを敷くなど、相手が10秒間行動するための準備をし、できるなら一緒にやることです。

以前、苦手な英語の勉強を先延ばしにしてばかりいた息子に「10秒アクション」を試したことがあります。やったことは簡単で、まず次男に単語帳を持ってきてもらい、「どこまで覚えた？」と質問します。「ここまで覚えた」と単語帳のページを開いたら、「次ページの最初の単語は何？」と聞いただけです。これだけで、側坐核のスイッチが入ったようで、その日は1人で勉強できました。これをしばらく続けているうちに、私が声をかけなくても自ら英語の勉強をするようになり、徐々に成績も上がっていきました。

仕事でも同じです。たとえば、あれこれ考えすぎてなかなか企画書を書けない部下がいるのなら、企画書の最初の1行を書くところまでをサポートし、見届けます。

このように、相手を「すぐやる人」にするためには、「10秒アクション」を活用し、最初の一歩として「とりあえずやってみる」ことを習慣づけることが有効です。

ここがポイント

最初の一歩を「10秒でできる行動」にまで細分化しよう。

16 相手に集中力がないときは、「場所」を変えてもらう

こんな相手にオススメ

□ 着手するまでに時間がかかる人

□ まわりが気になって集中できない人

実践のコツ

職場や自宅の近所で集中しやすい場所を探しておく。

部下に資料作成を頼んでいるのに、なかなか提出してくれない。締切は今日なのに……。よく見ると、資料をつくらずにパソコンでネットニュースを読んでいる。

家族が「昇進試験の勉強をするから」と言うので、家族のぶんまで家事をやっているのに、スマホばかり見て勉強している様子がない。


こんな状況になると、誰だってイライラしてしまいます。

とはいえ、「集中しなさい!」と相手を叱ったところで、空から集中力が降ってくるわけではありません。でも、1ついい方法があります。

それは、作業する「場所」を変えてみることです。

オフィスの自席は案外集中しづらいものです。目の前のパソコンでついネットニュースを見てしまう。何かやろうとすると、同僚に話しかけられる。電話やメールで作業を中断される。まわりの人の打ち合わせや電話対応、雑談の声が気になる……。「たしかに!」と思った方も少なくないでしょう。

これは、自宅でも同じです。テレビ、寝転がれるソファ、スマホなどが手の届く場所にありますし、ほかの家族が見ているネット動画の音声や、会話が聞こえてくることもあり、なかなか集中できません。

そんなときは、空いている会議室や個室ブース、図書館、喫茶店など、普段と違うところで作業するよう提案してみてください。

「場所」を変えることで、集中力を途切れさせる要因を減らすことができます。また、「空間」を変えることで気持ちや思考が切り替わります。つまり、作業に集中できるきっかけになることが多いのです。

提案する場所は複数用意したほうがいいでしょう。相手のタイプや状況によって集中できる場所は変わるからです。

たとえば、まわりの目があったほうが集中できるタイプの場合は、社内のオープンスペース、喫茶店や図書館、パーテーションのない自習室などがいいでしょう。

逆に、まわりの目があると気になって集中できないタイプの場合は、空いている会議室や個室ブース、パーテーションのある自習室などがおすすめです。

事情があって、自宅でしか作業ができない場合も、家族の視線を感じられるダイニングテーブルでやる、自室のドアを開けたままやる、逆に、視覚情報を遮断して集中を促すために、壁側を向いて作業する、個室に移動するなど工夫してみてください。

また、先述の通り、複数のなかから自分で選択することで「やらされ感」がやわらぎ、仕事や勉強に対する自主性が芽生えます。

さらに、作業場所の変更にはこんな活用法もあります。

それは、「作業と場所を結びつける」ことです。たとえば、「営業先へのテレアポは空いている会議室を使う」「企画書作成は会社近所のカフェで」「報告書などのルーティンワークは社内のフリースペースで」といった具合に特定の作業と場所をリンクさせるのです。

これを繰り返していると、「会議室ではテレアポが進む」といった感覚が脳に刷り込まれます。そして、同じ行動を続ければ続けるほどその刷り込みは強化されていきます。そうなると、会議室に入った瞬間、脳がテレアポモードに切り替わるので集中して取り組めるようになるのです。

心理学の世界では、この効果のことを「アンカリング（条件付け）」と呼んでいます。

残念ながら、他人の集中力をコントロールすることはできません。でも、集中できる環境を用意することで、行動に結びつけることは可能です。簡単に効果を実感できる方法ですので、ぜひ試してみてください。

ここがポイント

相手に「集中力」を与えることはできないが、集中する「きっかけ」をつくることはできる。

17 心配症の人には、不安を紙に書き出してもらう

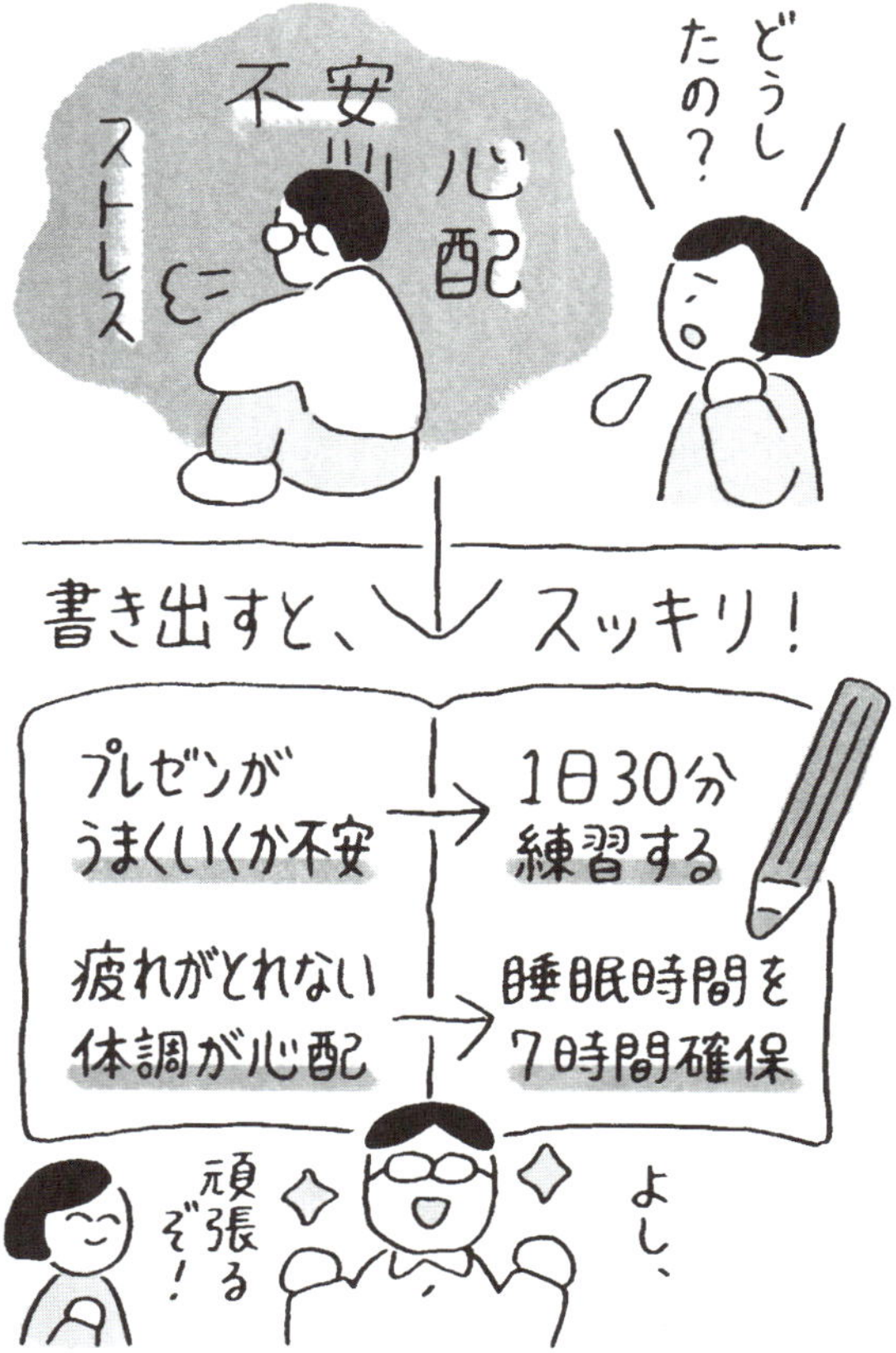

こんな相手にオススメ

- □ 心配性の人
- □ いろいろなことが気になって集中できない人

実践のコツ

気になることがあったら紙に書き出すクセをつけてもらう。

あなたのまわりに、何かをしようとするたびに、「失敗したらどうしよう」「うまくいくか不安」などと、つい先のことばかり考えてしまう心配性の方はいませんか？

日常的に不安を抱えていると脳の防衛本能が働き、思考と行動が停止してしまいます。

もし、身近に考えすぎや心配性で、思うように行動できていない方がいたら、ぜひ試してみてほしいことがあります。

それは、「不安や悩み、心配事など今考えていること」と、その「対策」を紙に書き出すことです。


やり方は簡単。

まず紙の左半分に「不安に感じていること」「心配事」を箇条書きにします。

書き出せたら、一度深呼吸をしてください。そして、紙の右半分に「今できる対策」を1つずつ書いていきます。


「来週のプレゼンがうまくいくか不安　↓　1日30分、練習の時間をつくる」

「明日の採用面接に遅刻しないか不安　↓　電車の時刻と会社の場所を調べる」

「バーベキューの差し入れを何にするか考えるのが負担　↓　友人に相談してみる」

「次のテストで80点をとれるか不安　↓　前回間違えたところを解き直してみる」
「最近体力が落ちてきて、何をするにもしんどい　↓　睡眠時間を7時間確保する。ゆっくりお風呂に入ってリラックスする」

といった具合です。

いつも不安を抱えていると、思考が混乱して原因を特定しづらくなるので、対策をとれず、なかなか不安から抜け出せません。そのせいで、つねに頭も気分もモヤモヤするので、スムーズに行動に着手することが難しくなります。

不安に感じていることを「文字化」して眺めることで、「なるほど、私はそういうところを不安に感じていたんだ」と、自分の不安をメタ認知することができます。

「メタ認知」とは、心理学の用語で「自分の認知活動（考えること、感じることなど）を客観的に把握する」という意味合いがあります。これができるようになると、不安を解消するための対策を考える余裕が出てきます。

このように、抱えている不安とその対処法を書き出すだけでも驚くほど頭がクリアになります。

さらに、多くの場合、不安の内容が「たいしたことではない」「今の自分でも十分対処できる」とわかるので、行動できるようになるのです。

ここがポイント

「不安」は、紙1枚で「行動」に変換できる。

18

悩んでいる相手には、解決策より「どこでつまずいたか？」を探る

迷ったら
出口
ではなく、
OUT
IN
入口
を探す

こんなときにオススメ

- ☐ 打開策が機能しないとき
- ☐ 相手が行き詰まっているとき

実践のコツ

不調の原因を探る際は、「決め打ち」しない。

最近調子が悪い。なぜかやる気が出ない。そのせいで仕事や勉強がなかなか進まない。着手できたとしても続かない……。

もし、お子さんや会社の部下、同僚がこんな状態だったら、あなたはどんなサポートをしますか？

たいていの場合、「疲れているみたいだから、ちょっと休んだら？」とか、「気にしすぎだよ。おいしいものでも食べて切り替えていこう！」「ほかの仕事からやってみたら？」などと、アドバイスをするのではないでしょうか。

つまり、「どうしたら」打開できるか？「どうやって」解決するか？と、出口を見つけて問題解決しようとするアプローチです。この「出口作戦」で、相手が行動できるようになればいいのですが、それが機能しないこともあります。

そういうときは、「入口作戦」に切り替えましょう。

「どうしたら解決できるか？」ではなく、「いつから」「どんなことがきっかけ」で、うまくいかなくなったのかを一緒に分析するのです。

私はこれまでたくさんのクライアントさんに対して、動けない状態から抜け出すためのサポートをしてきました。調子が悪くなった、やる気が出なくなった「きっかけ」は、人間関係、誰かの何げないひと言、悲しい事件の記事、友人のSNS投稿、体調不良、寝不足、飲みすぎ、食べすぎ、コミュニケーションの行き違いなど、本当にさまざまです。

ヒアリングする際は、まず不調になったのは「いつ」からかなのかを確認しましょう。次に、その時期に人間関係のトラブルやいつもと違うネガティブな出来事、体調の変化などがなかったかを聞いてみます。「時期」と「出来事」の2つを確認すれば、多くの場合、不調のきっかけを突き止めることができます。

こう聞くと、「不調のきっかけなんて、自分でわかっているんじゃないの？」と疑問に思うかもしれません。しかし、私たちは案外、自分の状況について客観的に見ることができないものです。「まさかこんなことで」と思うような些細なことがきっかけになっていることもあるのです。さらに、不調の原因が特定できなくても、きっかけがわかるだけで、胸のつかえがとれ、多くの場合また行動できるようになります。

以前、あるクライアントさんから「なぜか、仕事に対するモチベーションが上がらない」と相談されたことがあります。そこで時期や原因を探っていくと、「今進めているプロジェクトのメンバーと、仕事の進め方について意見が合わなかったこと」がきっかけになっていたことがわかりました。

この方は、仕事全般のモチベーションが落ちていると思い込み、「異動か転職でもしない限り、真摯《しんし》に仕事に取り組むことはできないのでは……」と真剣に悩んでいました。

しかし実際は、意見の合わないメンバーと一緒にプロジェクトを進めることにストレスを感じていただけだったとわかり、気持ちがラクになったそうです。それがきっかけで、仕事に対するモチベーションを取り戻すことができました。

前項でも触れましたが、**私たちは不安やストレスの理由がわからないとモヤモヤしてしまいますし、原因がわからないと物事をつい大げさに考えてしまいがちです。**なかには、「仲のいい友達が数日欠席してさびしかった」「得意科目で思うような点をとれなかった」だけなのに、学校も勉強もすべて嫌いになってしまったというケースもあります。

不調の入口を把握するだけでも、モヤモヤが消え、スッキリすることもありますので、身近に悩んでいる方がいるなら、ぜひ「入口作戦」を活用してみてください。

ここがポイント

解決策よりも、「不調の入口」を探すことが相手にとって大きな助けになる。

19

机が散らかっている人には、3つのポイントで整理してもらう

① 減らす
思いきって処分！
② 必要なモノをそろえる
③ 定位置を決める
本
書類
文具

こんな相手にオススメ

- □ 机が散らかっている人
- □ 探し物が多い人

実践のコツ

一度にすべて片づけようとしない。

頼んだことをすぐやってくれない人、先延ばしばかりしている人が身近にいる場合、1つチェックしてほしいことがあります。それは相手の机の上です。

もし、モノや資料があふれて机上がぐちゃぐちゃになっているのなら、きちんと整理してもらうことで、集中力が上がり、仕事の進め方も改善する可能性が高まります。

企画書を書こうとしたら、必要な資料が見つからない。やっと経費精算をする気になったのに領収証がどこかに行ってしまった……。このように、机の上が散らかっていると、仕事にとりかかる前段階でつまずいてしまうということがよく起こります。

米国で整理術のカウンセリング会社を主宰する、リズ・ダベンポートのベストセラー『気がつくと机の上がぐちゃぐちゃになっているあなたへ』（草思社）によると、平均的なビジネスパーソンは、探し物に年間150時間も浪費しているそうです。**1カ月に20日働くとすると、1日平均37分30秒もの時間を探し物に費やしていることになります。**

「平均的なビジネスパーソン」でこうですから、机の上が散らかっているビジネスパーソンは、さらに多くの時間を探し物に費やしていると考えられます。

とはいえ、親が介入できる子ども部屋の片づけと違い、オフィスの場合、相手も大人ですから勝手に片づけるわけにもいきません。私たちができることと言えば、整理整頓のアドバイス、もしくは一緒に片づけることくらいです。相手が部下など、指導しやすい立場であれば、次の3つの方向性でサポートすると効果的です。

1 減らす

まずは、机の上の「モノを減らす」こと。具体的には、資料やモノの片づけです。

複数ある文房具や古い資料、すでに電子化されている書類などは捨てましょう。「もったいない」とか「いつか使うかも」などと不安になるかもしれませんが、ここは思いきって処分しましょう。今は必要ないけれど捨てられないモノや資料については、専用の保管場所（棚、ボックス、ロッカー、引き出し等）を用意して、そこにしまいます。

2 必要なモノをそろえる

机上にモノがあふれているからといって、必要なモノがすべてそろっているわけではありません。たとえば、名刺ファイルがないので取引先の名刺がいろいろなところに置かれている、クリアファイルが足りず別のプロジェクトの資料が交ざって保管されている、ブックスタンドがないため、資料が山積みになっているといったことです。

こんな場合は、必要なモノをリストアップして予算の範囲内で買ってください。

❸ 定位置を決める

❶と❷を実行しても、「モノの置き場所」を決めておかないと探し物は減りません。

いつでもすぐに使えるよう、定位置を決める必要があります。

たとえば、書類や資料は「仕掛中」「今月中に処理」「来月以降に処理」などと分類して、それぞれ専用のボックス等に保管しましょう。仕事に必要な道具、たとえば筆記用具などは、しまう場所も決めておきましょう。

もちろん、定位置を決めてもそこに戻さなければ、また散らかります。「使いっぱなし」「やりっぱなし」を見かけたら、その都度指摘しましょう。根気強く続けていけば、相手もいちいち指摘されるのが嫌になり、自主的に戻すようになります。

ここがポイント！

ここで紹介した3つのポイントは、机上だけでなく、パソコン内の整理にも活用してみよう。

20 ルーズな人に振り回されているなら、細分化して原因を特定する

こんな相手にオススメ

- □ 新入社員・初心者・子ども
- □ 真面目にやっているのに仕事が遅れる人

実践のコツ

仕事が遅れる原因は、相手とあなた２人１組で検証しよう。

「仕事のスケジュールや納期、締切を守れない」「なぜか、いつも仕事が遅れてしまう」まわりにこんな人がいて、いつも振り回されている、という方もいることでしょう。

この問題が厄介なのは、ほとんどの場合、本人に悪気があるわけでも、手を抜いているわけでもないことです。本人も遅れたくて遅れているわけではないけれど、結果的に毎回期限を守れない……。そんな相手に、「ちゃんと期限を守ってください」と注意をしても、改善はほぼ期待できません。本人が気づいていないところに阻害要因があることが多いからです。では、どうしたらいいのでしょうか。

こんなときは、仕事が遅れる要因を特定して、それを取り除くサポートをしましょう。具体的には、相手が抱えている仕事を細分化して、どこでつまずいているのかを特定し、対策を練るのです。

少し前の話ですが、私のクライアントさんの1人に、「いつも納期を守れない部下がいて困っている」と悩んでいる方がいました。ご本人が何もしていないわけではなく、その部下に対して期限を守ってもらおうと、「2カ月後が締切だけど、どうなっている？」「1カ月後が期限だけど、大丈夫？」「来週が納期だけど、進捗はどう？」などと定期的に確認していました。にもかかわらず、毎回期限を過ぎてしまうのです。

そこで、部下が抱えている仕事を細分化して、「どこでつまずいているのか？」を探ることにしました。具体的には、どこで仕事が止まってしまうのかを確認してみたのです。

すると、本人のスケジューリングや仕事のペースには問題がないことがわかりました。その後、納期を守れなかった案件を分析すると、「社外の専門家」とチームで仕事をしているときにだけ起きていることがわかったのです。さらに突き詰めていくと、社外の専門家に対して遠慮しすぎてしまい、「仕事の進捗状況の確認や催促ができない」ことが原因であることが判明しました。

そこで、期限が迫っている案件について、相手（社外の専門家）に対して確認のメールを出すよう指示することにしました。ところが、指示を出したにもかかわらず、その部下はメールを出すことができませんでした。その部下にとって、「社外の専門家に催促する」ことは、こちらが思っている以上に心理的ハードルの高いことだったのです。

そこで、「進捗確認のメールを、今ここで一緒に書こう」と声をかけ、目の前でメールを作成してもらうことにしました。するとスムーズにメールを出すことができるようになりました。その後、週に一度、一緒に進捗確認をしたり、催促のメールを出す時間を設けたりしたところ、わずか数カ月で上司のサポートなしでメールを出せるようになりました。そして、結果的に仕事の納期を守れるようになったのです。

とくに、新入社員、初心者、子どもの場合、経験値不足が原因で作業のシミュレーションや逆算ができず、期限の見通しが甘くなりがちです。

仕事以外の例で言えば、子どもの夏休みの宿題や、めったに家事をしないパートナーに家事を頼む際の段取りなどもこれにあたります。その場合は、作業を細分化してつまずくポイントを特定したうえで、ゴールまでのレールを敷くサポートをすると効果的です。

- **作業の細分化**：この作業を終わらせるには、要するに○○と△△と××をすればいい
- **段取り**：まずどこから着手すればいいのか？
- **時間の見積もり**：何をいつまでに着手すれば期限に間に合うか？

以上3点を明示したあと、本人に取り組んでもらいます。その際、つまずくところがあったら、一緒にやるか、そばで見守るようにしてください。

ここがポイント

部下や子どもの見通しの甘さは、あなたの経験値でカバーする。

21 口先だけで動かない人には、「メリット」を提示する

こんな相手にオススメ

- □ やりたいことがあるのになかなか動かない人
- □ 引っ込み思案な人

実践のコツ

まず「人の行動原理」を理解しよう。

口では「やりたい」と言っているのに、なかなか行動に移さない。そんな相手に対してモヤモヤしたことはありませんか。

たとえば会社の同僚や後輩が、日ごろから「やりたい仕事があるから部署を異動したい」と言っているのに、上司に希望を伝えてもいないし、その分野の勉強すらしようとしない。意見があるはずなのに、会議で発言しない。いいアイデアを持っていて「本当はもっとこうしたい」と思っているのに実行しない……。

お子さんであれば、放送委員をやりたいと話していたのに立候補しようとしない、入りたい部活があると言っていたのに見学にすら行かない、仲良くなりたい友達がいるのに自分から声をかけられない……。

こんなとき、どうしたら相手はスムーズに行動できるのでしょうか。

ここまで読んでいただいた方はもうおわかりだと思いますが、「自分でやりたいと言っていたのに、なんでやらないの?」「意見や提案があるのに、なんで発言しないの?」などと、**相手を責めたり、追及したりして、無理やり動かそうとしても相手の行動にはつながりません。**では、どうすればいいのでしょうか。

まずは「人の行動原理」を理解するところから始めましょう。

65ページで少し触れましたが、人の行動原理は大きく分けると2つしかありません。1

つめは「快追求」、2つめは「不快回避」です。

簡単に言うと「快追求」とは、「欲しい」という欲求です。何か得たいものがある、夢や目標を実現したい、あるいは「楽しい」「うれしい」「気分がいい」という感情を得るために行動することです。**一方の「不快回避」は、嫌なことを避けるための行動です。**「つらい、苦しい、痛い」といったことを避けるため、あるいは「恥をかきたくない」「迷惑をかけたくない」「怒られたくない」から行動します。ここには、不健康になりたくないから禁酒・禁煙するといった「デメリットを避けるために行動をやめる」という行動も含まれます。不快回避の最たるものが、「火事場のバカ力」です。

これらを踏まえると、行動できない要因は、メリットが小さすぎて「快追求」のスイッチが入らない場合と、うまくいかなかったときのリスクが大きすぎて「不快回避」のスイッチが入ってしまい動けない場合の2種類あるということです。

先ほどの、「仲良くなりたい友達がいるのに自分から声をかけられない」という例であれば、声をかけるメリットは「仲良くなりたいという自分の思いを知ってもらえる」「友達になれるかもしれない」ことで、デメリットは「自分から声をかけるのは恥ずかしい」「無視されたり、冷たくされたりしたらショックで立ち直れないかもしれない」といったことになるでしょう。この場合、本人が得られるメリットよりもデメリットのほうが大きいと考えたため、「快追求」の行動スイッチが入らずに動けないわけです。

ですから、メリットとデメリットを明確にしたうえで、デメリットを最小化するサポートをしましょう。たとえば、いきなり「友達になろう」と声をかけるのは、ハードルが高いから、「明日の朝、ひと言あいさつをしてみることから始めてみようなどとアドバイスすれば、相手が動ける可能性が高まります。

また、「担当したい仕事があるのに挑戦しようとしない」という場合であれば、メリットは、「やりたい仕事ができる」になりますが、デメリットはあまりありません。

では、なぜ動けないのでしょうか。原因は、メリットが具体的でないので「快追求」の行動スイッチが入らないことです。**ですから、その仕事をすることで得られるスキル、経験、人脈などメリットを具体化するサポートをすれば、挑戦できるようになります。**

このように、相手が口先ばかりで動かないときはメリットとデメリットを具体化し、「快追求」の行動スイッチを入れる、もしくは「不快回避」の行動スイッチをオフにするためのサポートをすれば、相手もスムーズに動くことができます。

ここがポイント

行動する「メリットを最大化」し、「デメリットを最小化」すると、すぐ動ける。

COLUMN

3

話をするときは、相手の横に座ろう

この本を読んでいる方の多くは、先輩、上司、親、先生、リーダーなど責任ある立場にあるのではないでしょうか。そういった立場になくても、自分がかかわっている組織やグループ、家族、仲間などに対する責任感が強い方が多いはずです。

こうした方に意識してほしいことが1つだけあります。**「立場や役職、年齢、経験」などに上下はあっても、「1人の人間」として上下の概念はない、ということです。**

たとえば、私はコーチングやセミナー、研修講師をしながら、本やメルマガを書いています。ざっくり言えば、人に教える仕事です。

しかし、私はクライアントさんや読者に対して「自分のほうがえらい」と思ったことはありません。なぜなら、私はコーチングやアドラー心理学、脳科学の専門家ではありますす

が、それ以外についてはプロではないからです。

たとえば、私は営業職をしているクライアントさんにコーチングをすることがありますが、営業の分野ではそのクライアントさんのほうが知識、経験、実力が圧倒的にあるわけです。

それは、わが子に対しても同じです。私は保護者という立場にあるので、しつけや最低限必要な指導、アドバイスはします。でも、私は息子たちの人生に対するプロでもないし、彼らのことを誰よりも知っているわけでもありません。SNSやオンラインゲーム、マンガ、アニメ、流行りの勉強法、音楽、ファッションのトレンドなどは彼らのほうが詳しかったりします。ですから、息子たちの選択や進路について、「私の判断が絶対正しい」と思ったことはありません。


このように、人それぞれ専門分野や長所、特性に違いがあり、「Aさんより Bさんの判断のほうがいつも正しい」「Cさんのほうが Dさんよりも、すべてにおいて優れている」ということはありません。ですから私は、コーチングでも本の執筆でも「こうすべき」「こうしないと失敗する」などと、自分の考えや価値観を一方的に押しつけたり、強制したりしたくありません。

良好な人間関係の構築には、「立場としての上下関係」とは別に、「1人の人間としては対等」という大前提を持つことが重要です。アドラー心理学では、このような人間関係のことを「横の関係」と呼びます。

後輩や部下、子どもに対して、状況に応じて「横の関係」でもかかわれるようになると、「1人の人間として尊重されている」ことが相手に伝わります。すると、コミュニケーションの行き違いが減るので、指示・命令が伝わりやすくなります。結果的にスムーズな行動につながっていきます。

とはいえ、「いきなり意識を変えるのは難しい」と思った方も多いことでしょう。

実は、意識を変えなくてもすぐにできることがあります。

それは、相手と打ち合わせや話などをする際に、座る位置を変えることです。

会社の部下との1対1のミーティング、後輩と2人での食事、子どもに何かを注意する……、こんなとき「対面」に座る人が多いのではないでしょうか。

それを、できれば「横」、難しければ「90度の角度」に変更するのです。

たったこれだけで、おたがいに「この人は私より立場が上だ」「この人は私より下の立場にいる」という潜在的な思い込みがやわらぎ、これまでより親密な人間関係を構築しやすくなります。その結果、相手に「この人の言うことなら聞いてもいいかな」「この人が言うのだからやってみよう」という意識が芽生え、頼み事をしたときなどに動いてもらいやすくなるのです。

私の知人に、ある企業のトップセールスの方がいるのですが、彼は「お客様との大事な商談は、必ずカウンターで横並びになれる寿司屋かバーでやっている」と言います。これは、座る位置を「横」にすることで、意識しなくても相手との「横の関係」を維持しやすいからだそうです。

また、私が以前勤めていた会社に、とても話しやすく信頼できる上司がいました。その上司は自席の横に椅子を置いて、部下が相談にくるとそこに座らせていました。

今考えると、その上司は、相談に来た部下が自分と真正面で対峙しないよう工夫していたのだと思います。

第4章

相手を「言わなくても動く人」に変える！自信の植えつけ方

「自分でやったほうが早い」
という考えは、結果的に
あなた自身を苦しめる。
相手の可能性を信じて
成長を促そう。

部下や後輩、ときには上司や先輩もそうですが、なかなか動いてくれない人、物事に消極的で挑戦しない人に対して、「この人には無理」とか「仕事ができない人だ」と感じてしまうことがありませんか。

気持ちはわかりますが、これが続くと徐々に指示の仕方がキツくなったり、否定したり、あれこれ細かく口出しするようになり、おたがいにイライラ、モヤモヤが溜まります。その結果、コミュニケーションの量が減ってきます。

そして、最終的には「自分でやったほうが早い」と、その人から仕事を取り上げてしまう……。

ここまでお伝えしてきたように、このような言動は相手のやる気や行動力を奪います。それ以上に、自分がその人の仕事まで抱え込むことになるわけですから、自分自身もどんどん疲弊してしまいます。

このスパイラルから抜け出すには、相手の成長を促すことです。

そもそも、スムーズに行動できなかったり、挑戦せず現状維持を続けているのは、その人の生まれ持った能力や性格に問題があるからではありません。

誰しも赤ちゃんのころは、何度転んでも立ち上がって歩こうとしていたはずですし、言葉を話せなくても、なんとか気持ちを伝えようと頑張ったはずです。

失敗してもあきらめずに挑戦し続けた結果、今の私たちがあるわけです。


人は年を重ねるごとにさまざまな経験をします。当たり前ですが、その内容は人それぞれ。成功体験が多い方もいますが、なかには失敗体験のほうが多い方もいます。

何かをあきらめたり、行動や思考が停止してしまうほどの失敗や挫折を繰り返し、自信を失ってしまったから動けなくなっているということも多々あります。

逆に言えば、そんな状況でも相手に自信がつけば、行動や挑戦に対する意欲が湧いてくるはずです。


その第一歩は、相手のことを「ダメな人」だと考えるのをやめること。心のなかで思っているだけでもそれは必ず相手に伝わります。

アドラー心理学では、このような行為を「勇気くじき」と呼びます。「勇気くじき」とは、相手が自ら困難を克服する力を奪う言動のことです。

繰り返しになりますが、元からダメな人なんていません。「ダメな人をどうにかして動かそう」とするのではなく、「相手が本来持っていた素晴らしさを取り戻す」サポートをしてください。

具体的には、小さな「成功体験」を積み重ねてもらうのです。

そうすることで、相手は成長し、最終的にはあなたが何も指示しなくても自分で動けるようになります。その結果、あなたは自分の時間や意志力を、ご自身のために使うことができるようになります。

本章では、自信のない相手に成功体験を積んでもらうことで、自信を取り戻してもらう方法について解説していきます。

「誰にでも無限の可能性がある」

今日からこう考えて身近な人に接してみてください。きっとあなた自身もラクになるはずです。

22 あなたが「期待」すると、相手は自ら動き出す

こんな相手にオススメ

- □ 経験値が低い新人や子ども
- □ 伸びしろが期待できる人

実践のコツ

相手の状況に合わせて裁量を調整する。

いつも仕事が遅い。やるべきことをなかなかやってくれない。
あなたは、そんな人のことを心のなかで「あいつはダメだ」「使えないヤツだなぁ」と思いながら日々接していませんか？　**こんな思いや印象が、相手のパフォーマンスを下げる原因になっているかもしれません。**

「ゴーレム効果」という言葉を聞いたことはないでしょうか。これは、アメリカの心理学者、ロバート・ローゼンタールが提唱した「まわりの人から期待されなかったり、関心を持たれなかったりするとパフォーマンスが低下する」という心理効果のことです。

逆に言えば、あなたが「考え方」を変えるだけで、そんな相手のパフォーマンスを上げ、「すぐやる人」に変えることができる可能性があります。

具体的には、相手に対して「期待」すること。実は、「自分は期待されている」と思い込むと、人は成長するということが科学的に立証されているのです。

ローゼンタールは、こんな実験を行っています。

ある小学校で、生徒たちに知能テストを受けさせます。そしてそのなかから無作為に数人の生徒を選び、担任の先生に「この子どもたちは成績が伸びる可能性がある」と伝えたところ、彼らの成績がほかの生徒に比べ大幅にアップしたのです。

つまり、担任の先生が「彼らには伸びしろがある」と信じたことで、日々の接し方や言動が変わり、結果的にその生徒たちの成績が伸びたと考えられます。

これを「ピグマリオン効果」と呼びます。「ゴーレム効果」とは逆で、「人は、他者から期待をかけられると、期待通りの成果を出そうとして成績や業績が伸びる」という心理学的な傾向のことです。

仕事でも子育てでも同じですが、「この子には無理」「この人には任せられない」という前提で接するよりも、「この子は、きっかけさえつかめば必ず伸びる」「この人は、信じて任せればきっと成果を出してくれる」と期待しながら日々接したほうが効果的です。なぜなら、相手の自主的な行動を引き出しやすいからです。その結果、勉強や仕事のパフォーマンスが上がるのです。

では、具体的にはどうすればいいのでしょうか。「あなたには期待しているから、絶対成果を出してね！」などと過度に期待をかけるのはＮＧ。相手は、プレッシャーを感じて、失敗を恐れ行動から遠ざかってしまいます。**まずは、相手にとって「１人で確実にできることが言われなくてもできる」というレベルの期待感を持つことが大切です。**

ピグマリオン効果を日々の仕事や子育てなどに取り入れる際のポイントは、相手に「裁量」を持たせることです。

「10万円の予算を渡すから、自由に使って結果を出してね」「もうすぐ定期テストだね。毎日2時間自習するとしたら、今日はいつやる？」などと、相手が自分で判断できる範囲を増やすのです。そうすると、直接的な言葉をかけなくても「自分は期待されている」と感じるようになり、その期待に応えようとすることでパフォーマンスが高まります。

逆に、1人でできるのに毎回細かく介入したり、進捗状況を毎日確認したりすると、「信頼されていないんだな」と考えてしまいパフォーマンスが低下します。

パフォーマンスが低い相手に対して「期待してください」と言われても、「実績も経験もないのに、漫然と期待するなんて無理」と思う方もいるかもしれません。

たしかに、実績も経験もない相手に対して、「成果を今すぐ出す」ことを期待するのは現実的ではありません。**だとしても、相手が潜在的に持っている才能や長所を信じ、「将来的に必ず成果を出す」と期待することはできます。**

これは、本人が自信喪失しているときでも、相手に自信を植えつける有効な手段の1つですので、ぜひ試してみてください。

ここがポイント

「短期的な成果」ではなく、相手の「未来の可能性」に期待する。

23 指示や進捗の確認は、相手に合わせて5段階に分ける

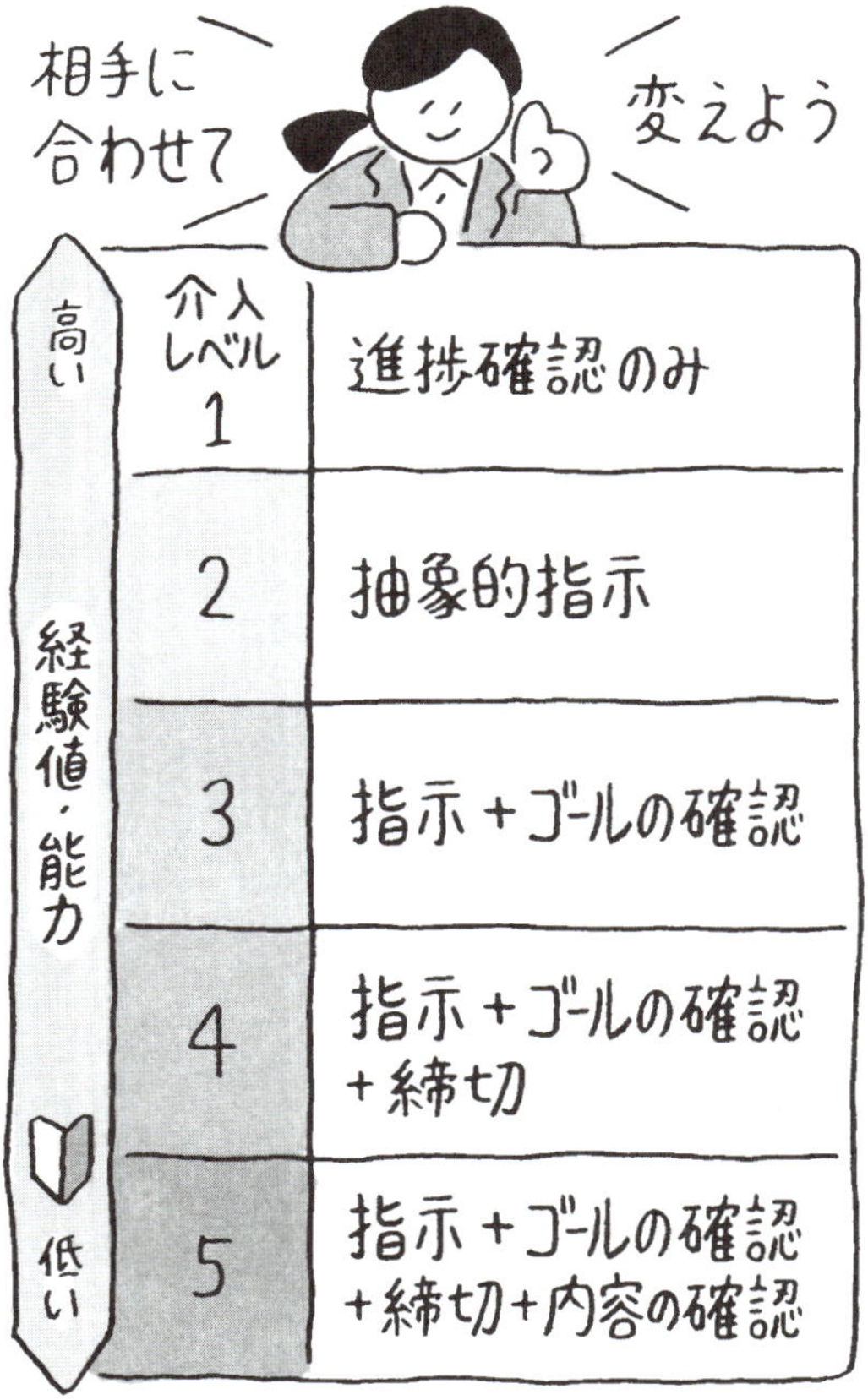

	介入レベル	
高い	1	進捗確認のみ
経験値・能力	2	抽象的指示
	3	指示＋ゴールの確認
	4	指示＋ゴールの確認＋締切
低い	5	指示＋ゴールの確認＋締切＋内容の確認

こんなときにオススメ

- □ 人を育てるとき
- □ 相手が「指示待ち」状態のとき

実践のコツ

相手の現状やスキルをつねに把握しておく。

前項では、上司が部下の仕事に対して細かく介入すると部下のパフォーマンスが低下する、とお伝えしました。その対策として「相手に期待する」というノウハウを紹介したわけですが、「もっと即効性のある方法を知りたい」「期待するも何も、相手がまだ入社したばかりの新人で手取り足取り教えなければ仕事にならない」という方もいることでしょう。

とはいえ、その都度仕事の目的とやり方を一から説明するとなると面倒だし、いつまでたっても相手は自立できません。部下の側からしても、細かい指示に従っているだけでは、「自分でもできた」という成功体験を積めず、自信を持つことができません。

そんなときは、次のように「介入の度合い」を5つのレベルに分けて、相手に合わせた指示を出すようにするのが効果的です。ここでは、「締切の近い案件を間に合わせるため、今日中に協力会社にメールを送り、回答をもらう」というタスクを例に解説します。

レベル1　進捗確認のみ

【例】**「そういえば、〇〇（具体的案件）の進捗は、どうなってる？」**

「進捗確認」だけでスムーズにいく場合は、これ以上の指示、介入は不要です。上司の確認だけで行動することができれば、部下も「自分でできた」という達成感と自信を持つことができます。もし、進捗確認しても動かない場合はレベル2を試してください。

レベル2　抽象的指示

【例】「今日、〇〇さんに確認のメールを送ってね」

「進捗確認」だけで動かない相手には、「抽象的な指示」を出してみましょう。

レベル2では、できるだけ相手に裁量権を与えるため、「やるべきこと」のみを伝えます。「いつやるか」「このタスクのゴール」「どう伝えるか」などについては伝える必要はありません。

レベル3　指示＋ゴールの確認

【例】「確認のメールを出して、本日中に返答をもらってね」

レベル2でうまくいかない場合は「やるべきこと」のほかに、「このタスクのゴール」も伝えます。「いつやるか」と「どう伝えるか」は相手に任せましょう。

レベル4　指示＋ゴールの確認＋締切

【例】「今日中に返答がほしいから、10時までに先方に確認のメールを出してね」

レベル3でもうまくいかない場合は、さらに「いつやるか」も伝えます。「何を」「いつ」やって「どういう結果がほしいか」まで伝えるので、実行確率が格段に上がります。

レベル5　**指示＋ゴールの確認＋締切＋内容の確認**

【例】「今日中に返答がほしいから、10時までに先方に確認のメールを出してね。送る前に内容を確認するからメールの文面をつくったら一度見せて」

レベル4の指示でもうまくいかない場合、メールの内容に問題があることが明らかですので、レベル5ではそこまで介入します。

ただし、レベル4・5では、タスクの大半を上司が行っているのと同じです。やり方を伝えることはできても、部下に成功体験は蓄積されません。ですから、相手の経験や能力などに合わせて、適宜「介入の度合い」を軽くしていくことで、徐々に相手の成功体験を増やし、自信をつけてもらうことが可能になります。

ここがポイント

未経験の新人にはレベル5から始め、徐々に介入の度合いを軽くしていこう。

24 「できていないこと」よりも、「できていること」から指摘する

こんな相手にオススメ

- □ 消極的な人
- □ 失敗を怖がる人

実践のコツ

相手の「できているところ」と「課題」はセットで把握する。

「なんでもっと積極的に行動できないのか。失敗を恐れず何事にも挑戦してほしい」

そんな思いを部下や後輩、わが子に対して抱いたことはありませんか。私自身も、とくに息子たちに対して、ヤキモキしたことが何度もあります。

実は、その原因をつくっているのはその上司や親だったりするのをご存じでしょうか。

たとえば、はじめてプレゼンの仕切りを任せた部下が、場を盛り上げようとユーチューブを使ってBGMを流したところ、途中で広告の音声が流れてしまった……。

あなたなら部下にどんな声をかけますか？

こんなとき、「なんで広告が流れたんだ！」とか、「こんなことでは、今後プレゼンを任せられないよ」と、頭ごなしに叱るとどうなるでしょうか。

相手は「みんなに迷惑をかけてしまった……」「次は、絶対にミスできない」「余計なことはしないでおこう」と委縮して、今後何かいいアイデアが浮かんでもそれを行動に移せなくなってしまいます。

失敗を恐れ、指示された以外のことができなくなってしまうのです。

これが、上司や親が、部下や子どもの積極性、チャレンジ精神を奪う典型例です。

では、どのように対応すればいいのでしょうか。

こんなときは、「想定外のことが起きると、動揺して話を止めてしまう人が多いけれど、練習通り平然と進行していて素晴らしかった」などと、まずは「できていること」を指摘します。すると、部下は「プレゼン中にミスをしてしまったけれど、ミスに負けずに最後までプレゼンできてよかった。次回はよりよいプレゼンができるよう工夫しよう」と前向きな気持ちになるはずです。

この「前向きな気持ち」が、次の行動や積極性につながるのです。

ここまで読んで、「できていることを指摘するだけだとミスについて注意できず、上長としての役割を放棄しているようなものなのでは？」と疑問に思った方もいることでしょう。

「ミスを指摘しないでください」と言っているわけではありません。指摘する「順番」を意識してくださいということです。つまり、「できていること」を指摘したあとに、「できていないこと」、つまり課題について指摘すればいいわけです。

こうすることで、部下は上司の指摘をすんなり受け入れ、「次からは、同じミスをしないように工夫しよう」と、失敗しないための対策を自ら考え始めます。

ミスをした部下にしても、テストの点数が低かった子どもにしても、自分の「できていないこと」に関しては、人から言われなくても痛いほどよくわかっています。むしろ、「悔しい、情けない」、あるいは「こんなことなら挑戦しなければよかった」と後悔していることもあります。

誰でも、失敗に囚われてしまうと、「できていること」が見えなくなってしまいます。否定からは否定しか生まれません。そういうときこそ、上司、先輩、親の出番です。

相手が、10点満点中、3点しかとれていなかったとしても、いきなり「足りない7点」について責めるのではなく、まずは、「できている3点」に目を向け、認めることからスタートしてください。これが、相手の行動力を上げることにつながるのです。

意識すれば簡単にできることですので、ぜひ試してみてください。

ここがポイント！

失敗したときこそ、あえて「できているところ」を指摘するのが、上司や親の役割だと考えてみる。

25 自信を持てない人には「行動目標」を設定する

〈結果目標〉
プレッシャー
今月のノルマ10件成約!
絶対ムリ…
〈行動目標〉
これならできそう!
1日30件電話する!

こんな相手にオススメ

☐ 完璧主義の人

☐ 自信を失って動けない人

実践のコツ

相手の状況によって目標の種類を変えてみよう。

自信がないからなかなか行動できない……。とくに経験が浅い段階だと、誰でもこういう傾向があります。しかし、行動しない限り「成功体験」を得ることはできません。こんな状態が続くと、永遠に自信がつかないわけです。

あなたのまわりにこういう人がいるときは、どうすればいいのでしょうか。

実は、これを打破するためのいい方法があります。それは、「結果目標」を「行動目標」に変えることです。

多くの場合、職場や学校では「数値目標」を与えられます。「今月の売上目標○○万円」「企画を××本通す」「資格を取得する」「テストで80点以上をとる」「新人戦でベスト8」など……。

こういった結果を重視した目標のことを「結果目標」と呼びます。

結果目標には、マンネリ化を防ぎ、緊張感を保つことで目標実現の可能性を高めるメリットがあります。仕事や勉強、部活の試合などで思うような結果が出ているときは、結果目標を意識することで、よりよい成績をあげられる可能性が高くなります。

しかし、失敗が重なったときや外的要因によって目標が実現できないことが続くと、自信を失ったり、ストレスや不安を感じやすくなるので行動が止まる原因になります。

一方の「行動目標」とは、結果を出すために必要な「具体的行動」にポイントを置いた目標のことです。

営業職を例に挙げると、「1カ月で10件成約する」というのが結果目標で、「毎日30件電話する」「1日1件既存顧客を訪問する」「週に200通ダイレクトメールを発送する」というのが行動目標になります。

子どもの場合で言えば、「定期テストで学年10位以内」というのが結果目標で、「定期テストまでに教科書の練習問題を3周する」「毎日5分、英語の教科書の試験範囲を音読する」「23時までに就寝して、授業に集中する」というのが行動目標にあたります。

行動目標のメリットは、「成果や結果と関係なく自分で決めたことをやればいいだけなので、「それさえできれば絶対に失敗しない」ことです。もちろん、決めたことをやらなければ〝失敗〟ということになってしまいます。ですが、結果目標と比べれば、成功確率が格段に上がります。

もし行動目標を達成できないときは、さらにハードルを下げてください。行動目標を設定するのは、「自分にもできた」という成功体験を積み重ねてもらうことが目的だからです。

このように「行動目標」は、ストレスや不安を感じにくくなるので、思うような結果が出ないとき、もしくは結果目標を目指すことにプレッシャーを感じているときに行動を促す効果があります。

また、行動すれば、おのずと「成功体験」が積み重なるので、結果的に相手に自信を植えつけることにつながります。

さらに、「行動目標」のハードルを徐々に上げていくことで、最終的には「結果目標」も達成できるようになります。

ここがポイント

相手の経験値を上げるのが「行動目標」。より高みを目指すために必要なのが「結果目標」。

26

いい行動を継続してほしいなら、褒めるのではなく勇気づける

こんな相手にオススメ

- □ 承認欲求の強い人
- □ プレッシャーに弱い人

実践のコツ

相手が残した「いい影響」を言語化する。

「子どもは褒めて伸ばしましょう」「部下のやる気は褒めることで高まる」

子育てやビジネスをテーマにした本を読むと、よくこんなことが書かれています。

たしかに、褒められればうれしいし、モチベーションも上がります。これは、誰にでも経験があると思います。

こう聞くと、「やっぱり、人に動いてもらうためには褒めることが重要なんだ」と思ってしまいがちですが、実は褒めることには「デメリット」もあります。

1つは、褒められることが、結果的に相手の自主性を奪ってしまうことです。

たとえば、床に落ちていたゴミを拾った人に対して「えらいね!」と褒めたとします。すると、相手は、期待していないところで褒められたのでうれしくなります。しかし、その後の行動基準が「人に褒められるかどうか」に変わってしまう危険性があります。誰かが見ているときや褒めてもらえる環境のときにしか、ゴミを拾わなくなってしまうことがあるのです。

もう1つは、褒めることで相手に過度なプレッシャーを与えてしまうことです。

たとえば、営業ノルマを達成したときにだけ部下を褒めていると、「来月もノルマを達成しなければならない」「どんなに努力しても、ノルマを達成しないと認めてもらえないんだ」と受けとる人が一定の割合でいます。

さらに、お客様を喜ばせることにやりがいを感じていた部下に対して、上司が営業成績ばかりにフォーカスをあて、褒め続けていると、行動の目的がすり替わってしまうことがあります。「お客様を喜ばせる」ことではなく、「上司に褒められること」が目的になってしまうのです。その結果、お客様のためだった仕事が、いつしか数字をとるための仕事になり、結果的に仕事が嫌いになってしまうということも起きます。

では、どうすればいいのでしょうか。

ポイントは、相手を「褒める」のではなく、「勇気づける」ことにあります。「勇気づけ」とは、アドラー心理学の重要な要素で、「困難を乗り越えていくための活力を与える行為」と定義されています。

「上手にできたね」「すごいね」「よくやった！」「素晴らしい！」などと、結果や行動を単純に褒めるのではなく、**「ありがとう、あなたが○○してくれたから（私が）助かったよ」「田中さんがとても喜んでいたよ」「あのお客様、とても感謝していたよ」「チームが元気を取り戻せたよ」などと、「共同体への好影響や貢献」を指摘することが勇気づけにあたります。**

勇気づけには、「場への貢献」を促す効果があります。適切に相手を勇気づけることができれば、相手のなかに「困難を乗り越える活力」だけでなく、「共同体に好影響を与えたい、貢献したい」という意識も芽生えます。**したがって、一度勇気づけをすると、その後、何度も働きかけなくても自ら動いてくれるようになることが多いのです。**

ですから、ゴミを拾ってくれた人に対しては、「えらいね！」ではなく、「ゴミを拾ってくれたおかげで、ここを通るみんなが気持ちよく過ごせるね」と勇気づけすれば、その人は今後、誰かが見ていなくてもゴミ拾いを続ける可能性が高まります。

さらに、「自分の何げない行動が誰かの役に立っている」という意識が芽生え、ゴミ拾いに限らず、人の手伝いや困っている人のサポートを積極的にできるようにもなります。

同じように、営業ノルマを達成した部下がいたら、「○○商事の担当者がこの前の提案をとても喜んでいたよ」「あなたの頑張りがチームにいい影響を与えてくれているよ」と、勇気づけしてみてください。すると、「ノルマ達成」という観点だけでなく、仕事やチームへの愛着もより強くなります。

また、数字を意識しすぎなくなるので、失敗を恐れず挑戦・行動できるようになります。

ここがポイント

褒めるかわりに「感謝」を伝えてみよう。

27 相手に成長してほしいなら、「中長期的なゴール」を設定する

こんな相手にオススメ

- □ 課題やウィークポイントが明確な人
- □ あなたが成長を期待している人

実践のコツ

「目先の問題が解決したあと、どうしていきたいか？」を考えてみる。

本書の読者のほとんどは、身近な人に「変わってほしい」「成長してほしい」と思っているはずです。実は、そういうときに忘れがちなことがあります。

それは、「短期的ゴール」と「中長期的ゴール」を明確にすることです。「最終的にはこうなってほしい」という「中長期的ゴール」を明確にしないまま、相手を無理やり動かそうとすると、「試合に勝って勝負に負ける」ことがあるからです。

いったいどういうことなのでしょうか。

「短期的ゴール」とは、「目の前の試合に勝つ＝今すぐ結果・成果を出す」ことです。

たとえば、朝起きるのが苦手で毎日学校に遅刻してしまう子どもがいたとします。この問題を解決するためには、とにかく子どもに早く起きてもらうしかありません。

しかし、目の前の「短期的ゴール」だけにフォーカスしてしまうと、手段が強引になりがちです。たとえば、前日に終わらせないと翌日困るからと、疲れて寝てしまった子どもをたたき起こして宿題と翌日の準備をやらせる、朝7時に無理やり起こすといった具合です。これでは、おたがいに疲弊してしまいます。

では、「中長期的ゴール」とは、なんなのでしょうか。

「遅刻せずに学校に行けるようになってほしい」という思いの先には、「親に頼らず1人で起床できるようになってほしい」「自分のことは自分でできるよう自立してほしい」「一歩先を読んで行動できるようになってほしい」「規則正しい生活をしてほしい」といった、わが子の成長に対する希望や期待があるはずです。これが「中長期的ゴール」です。

「中長期的ゴール」を設定せず、「短期的ゴール」に囚われてしまうと、前述のように毎回たたき起こして登校させるなどの強引な手段をとってしまいがちです。しかし、これでは子どもの自立につながりません。むしろ、毎日親が起こすことで自立から遠ざかっているという解釈することもできます。これが、「試合に勝って勝負に負ける」ということです。

本末転倒にならないためにまず必要なのは、親に頼らず自分で起きて、決められた時間までに登校することが、「親側の課題」ではなく「子ども側の課題」であることを、子どもも自身に理解してもらうことです。そのうえで、打開策を一緒に考えます。

たとえば、「大音量の目覚まし時計を買う」「夜9時までに寝る」「翌日の学校の支度をしてから寝る」「宿題は夕飯前に終わらせる」「カーテンを開けたまま寝る」などのアイデアが出てきたら、すぐできそうなことを1つ子どもに選んでもらい実践してみます。うまくいけばそのまま、うまくいかない場合は別の手段を試してみればいいわけです。

この方法だと、「短期的ゴール」を達成するのに少し時間がかかるかもしれません。しかし、中長期的に見れば子どもの自立につながることは間違いありませんので、「試合に負けて勝負に勝った」と言えます。

ビジネスの現場でも同じです。たとえば、会議で発言しない部下にイライラしているのであれば、会議中に話を振って発言を促すといった、すぐできる対策（短期的ゴール）だけでは不十分。**「部下に対して、自分はいったい何を求めているのか？」を考え、「中長期的ゴール」を設定する必要があります。**結果として、「会議に主体的にかかわってほしい」ということが本質的な課題だとわかれば、会議の目的をていねいに説明したうえで、どうしたら部下自身が会議の内容を自分事にしてくれるかを一緒に話し合います。いくつかアイデアが出たら、部下自身に1つ選んでもらい実践してもらえばいいのです。

もちろん、喫緊の課題である「短期的ゴール」を達成することも大切です。しかし、相手の成長を願うなら「中長期的ゴール」も同時に設定することをおすすめします。

ここがポイント

「今すぐ結果を出す」サポートと、「相手の自立や成長を促す」サポートの両方を意識しよう。

COLUMN

4

自分を過小評価する人には「疑似成功体験」で自信をつけてもらおう

第4章で述べたように、相手に自信をつけてもらうためには、「成功体験」を積み重ねてもらうことが重要です。

ここまで読んで、部下や子どもに対して「新しいことに挑戦してもらわなくては」と考えた方もいらっしゃることでしょう。とはいえ、自信がない相手が新たなことに挑戦するのは、なかなかハードルが高いものです。

それを解決するために、本章では「できているところ」から指摘しましょうとお伝えしました。しかし、自信のない相手に対して、いくら「できているところ」を指摘しても、それをプレッシャーに感じたり、「自分なんてたいしたことない」「自分には能力も実力もない」と自身を過小評価、謙遜《けんそん》したりしている場合、効果が出ないことがあります。

そんなときに、力を発揮するのが、「できるところまで戻る」ことです。

たとえば、苦手な算数の宿題を1人でできない子なら、「今日は、1人で算数の宿題をやってみよう」と挑戦を促すかわりに、「1人でもできる国語の音読からやってみよう」「宿題の前に、1人でもできる足し算・引き算の問題を解いてみよう」などと、できるところまでさかのぼる。

企画書を書くのが苦手なスタッフがいたら、いきなり「1人で企画書を書いてごらん」ではなく、まず、1人でも埋められる項目だけ書いてもらい、行き詰まったら一緒にやる。要するに疑似的な成功体験を積んでもらうのです。

この方法なら、確実に「自分にもできることがある」「1人でできた」という実感を得ることができます。

この「できた!」という実感が、未知を嫌う脳の防衛本能を解き、新しいことにチャレンジするハードルを下げます。結果的にこれまで難しかったことでも1人でできるようになるのです。

人は後戻りすることに抵抗感を覚えるため、1人だとなかなか「できるところまで戻る」という判断ができません。その背中を押してあげるのがあなたの役割です。

第5章

相手を成長と自立に導く！夢・目標実現サポートのコツ

「相手を動かせる」は
ゴールではない。
本当に大切なのは
相手に自立してもらうこと

ここまで、とにかく相手に動いてもらうために効果的な方法をお伝えしてきました。経験や知識不足、あるいは見通しが甘くて行動できない場合の対処法、本人にやる気や自覚がなくても動いてもらえる方法も紹介しました。

これらのコツを試してもらえれば、「頼んでもやってくれない」「締切を守ってもらえない」「自分ばかり損している」といった悩みは解消されることでしょう。

とはいえ、これですべての問題が解決したわけではありません。というのも、ここまで紹介したコツを使って相手を動かすことに成功しても、「相手が自ら」動いているわけではないからです。場合によっては「イヤイヤ行動しているだけ」「言われたこと、決められた必要最小限のことだけをやっている」こともあります。

本当は、もっと「主体的・自主的」に行動してほしいし、毎回指示や確認をしなくても自分から動いてほしい。さらに言えば、職場の部下に対して、その場しのぎの仕事ではなく、創意工夫を加えるなど、「創造的」な仕事をしてほしい。

子どもであれば、せっかく勉強をするならその楽しさを知ってほしい。得意科目を見つけたり、好きな科目を伸ばしたり、本人が夢中になれるスポーツや課外活動を見つけてほしい……。

誰しもそう願うことはあるでしょう。

そこで第5章では、「主体的かつクリエイティブ」に行動してもらうために、相手の成長を促す効果的な方法をお伝えします。言わば「イヤイヤすぐやる」から「イキイキすぐやる」へのシフトです。

そのサポートをしようと思うなら、まず知っておいてほしいことがあります。それは、人間の「行動原理」についてです。人が行動する理由は、大きく分けると2つしかありません。第2章、第3章でも紹介した「快追求」と「不快回避」です。

快追求とは「欲しい」という欲求のために行動することです。モノやポジション、他者からの評価を手に入れたい、夢や目標を実現したい、あるいは「楽しい、うれしい、気分がいい」という感情や「心地よさ・快適さ」を得るための行動です。

一方の不快回避は、嫌なことを避けるための行動です。「つらい、苦しい、痛い」といったことを避けるために行動します。失敗したくない、クビになりたくない、負けたくないといった思いや、怒られたくない、馬鹿にされたくない、恥をかきたくない、まわりの人に迷惑をかけたくないというのも不快回避です。その最たる例が、「火事場のバカ力」です。

実は、おもに第2章、第3章で紹介してきたコツの多くが、この不快回避の行動原理を利用したものです。

今すぐ行動すれば、

・面倒くさい言い訳を考えずにすむ
・揉め事になるリスクが低くなる
・ガミガミ言われたり、怒られたり、説教されずにすむ
・結果的にいちばんラクができる
・まわりの人に迷惑をかけずにすむ
・評価や評判を下げずにすむ
・罰を受けたり、恥をかいたりせずにすむ
・ストレスや不安を減らせる

このように「今やらない」ことよりも、「今すぐやってしまう」ことのほうが結果的に苦痛を回避できるとわかると、人はその苦痛を避けるために行動します。

人を動かすために不快回避の行動原理を活用するメリットは、指示・命令をすることで相手がとりあえず動いてくれること、つまり「即効性」があることです。しかし、この方

法にはデメリットもあります。

相手は、「苦痛を回避するためにはどうすればいいか?」だけを考えて行動するので、成果、結果、成長、貢献、再現性といったことにまで意識がいきません。結果的に「指示待ち」になるので、よくて「現状維持」、多くの場合は「減退・衰退」していきます。

また、不快回避の行動には、締切や不安に追い立てられる焦燥感、約束やノルマを果たさなければならない義務感、責任感が伴います。やりがいや楽しさを感じて、自ら動いているわけではないし、充実感や達成感を得られることも少ないので、これを繰り返していると徐々に心身が疲弊していきます。


頼んだことを期限内にやってほしい、とにかくすぐに動いてほしい。こういった状況において不快回避の行動原理は非常に有効です。**しかし、相手に自分の頭で考え、自ら主体的に動いてほしい。子どもや部下に成長してほしいと願うなら、違うアプローチも併用する必要があります。それが「快追求」の行動原理です。**

快追求で行動できる時間が増えると、やりがいや充実感、達成感を得られやすくなります。今取り組んでいることに熱中・没頭できるので、心身ともに疲弊しづらくなります。

さらに、主体性が生まれるので、仕事や学業で創造性を発揮できるようになるのです。

たとえば、日々のルーティンであったとしても、「もしかしたら、ちょっとやり方を変えれば、より成果が出るのではないか？」「こうしたほうが、より効率が上がるのではないか？」などと、自ら「工夫」して実行できるようになります。また、「どうせならこの分野の勉強もしてみよう」「今の仕事のほかに、上司の○○さんの仕事も手伝ってみよう」などと、意欲的に行動できるようになります。

では、どうすれば快追求のスイッチをオンにするサポートができるでしょうか。

それには、次の2つが必要です。

・相手の「本当にやりたいこと・実現したいこと」を顕在化し、目標を立てる
・その目標を実現するためのサポートをする

この章では、その方法を紹介します。どれも再現性が高く、シンプルで実践しやすいノウハウですので、ぜひ試してみてください。

28

他人の都合で人は動かない。自分都合の目標を立ててもらおう

相手の状態はどっち？

- □ 自分のやりたいことが明確
- □ 自分は二の次で会社や学校の目標を優先している

実践のコツ

本人が「心底実現したい」と思える目標を立ててみる。

以前、「新社会人に向けた仕事の目標設定のコツ」というテーマで取材を受けた際、「仕事の目標を思いつかないときはどうすればいいか？」という質問を受けました。

私はこれまで多くのビジネスパーソンの相談に乗ってきましたが、実は仕事の目標を思いつかない、うまく目標を立てられないという方は非常に多いのです。

なぜ、そうなってしまうのでしょうか。原因は2つあります。

1つめは、多くの人が、目標は「自ら立てるもの」ではなく、「会社や上司から一方的に与えられるもの、あるいは押しつけられるもの」だと考えているからです。

これは、社会人に限ったことではなく、子どもたちも同じです。たとえば、学校では学期ごとや定期試験のたびに目標を立てさせられます。これらの目標は、子ども自らが「こうなりたい！」「これをやりたい！」「実現したい！」と思って立てるものではなく、事実上強制的に立てさせられる目標です。

2つめは、多くの人が、幼いころから目標を立てさせられ、その達成のために努力することを押しつけられてきたため、「目標を立てる＝新たな責任や義務が発生する」という印象が拭えず、それを避けたいという心理が働くからです。

子どものころのことを思い出してみてください。

たとえば、本当は「友達と思いっきり遊びたい」「班長をやってみたい」「○○さんと友達になりたい」「××クラブに入りたい」と思っているのに、「それはあなたのやりたいことであって、目標ではありません。目標とは、義務や責任が伴わなければ意味がありません」と否定された。もしくは、「自分が立てた目標を達成できなかったら恥ずかしい」という思いから、自分が本当にやりたいことを目標として掲げることができなかった……。

こんな経験のある方もいらっしゃることでしょう。

日本人の多くが、幼いころからこんな経験を積み重ねているため、「自分で目標を立てましょう」と言われてもピンとこないし、考えてもなかなか思いつかないのです。

部下や子どもが「前年並みの数字を維持する」とか「テストで平均点をとる」など無難で面白みのない目標を立てがちなのは、そういった理由があります。

このように、会社や上司が業績を伸ばすため、学校や塾などが進学率を上げたり、生徒を管理したりするために立てさせる目標のことを、私は「相手都合の目標」と呼んでいます。

相手都合の目標では、「私はこうなりたい！」「目標をなんとしても実現したい！」という意欲や主体性は生まれません。結果的に「自ら動く人」にはならないのです。

相手の成長を願い「自ら動く人」になってほしいと思うなら、「相手都合の目標」とは別に、「自分都合の目標」を立ててもらう必要があります。「自分都合の目標」とは、本人が幸せになるための目標です。

仕事では主体的に動かない人でも、個人的な活動については行動派という人はたくさんいます。ボランティアやスポーツチームの応援、趣味などになると、張りきって動き出す人です。人は誰でも、自分の好きなことなら、熱中し、自ら動くことができるのです。

私たちは、「自分が本当にやりたいことならいくらでも頑張れる、続けられる、成長できる」という特性を持っています。つまり、もしあなたが「部下や子どもが自ら考えて主体的に動いてくれない」と悩んでいるのなら、その原因は、あなたの部下や子どもが今取り組んでいることに「欲望」を見出すことができていないことです。

脳科学の世界では、私の言う「欲望」という言葉を、「ワクワク」と表現することもあります。いくら目標を明確化して指示を出しても、本人の「欲望」にアプローチできていなければ、主体的な行動にはつながりません。

逆に言えば、心底チャレンジしたい仕事や、人生をかけてかなえたい夢などに近づくための目標を立てることができれば、人は自ら動くことができるようになり、おのずと成果も出るようになるのです。

ここがポイント

目標を立てる際は、実現可能性よりも「本人が実現したいかどうか」にフォーカスしよう。

29 相手の本音を聞き出し、「欲望の種」を見つける

相手の状態はどっち？

- □ あなたに本音を言える関係ができている
- □ 自分のことをなかなか話そうとしない

実践のコツ

「自分の都合」は脇に置いて、「相手の主観」からスタートする。

前項で解説した通り、相手を自立させるために私たちができることは、無理やり目標を立てさせることではありません。相手の本当にやりたいこと、挑戦したいことを顕在化し、そのための目標設定をサポートすることです。

ここからは、その具体的な方法について解説していきましょう。

相手に「自分都合の目標」を立てて成長してほしい。そんなときに、まず必要なことは、相手が本音を語りやすいコミュニケーションを意識することです。

たとえば、会社の部下やパートナー、お子さんが「最近、全然うまくいかない」と、ふと弱音を吐いたとします。あなたならどう対応しますか？

「え、そんなことないでしょ？　この前、あんないいことがあったし」とか、「あなたが思っているほど悪くないと思うよ」「落ち込んでもいいことなんてないから！　元気出して！」などと返していませんか？

一見何も問題ないように思えますが、このやりとりは、相手の成長を阻害する可能性があります。**なぜなら、こうした返答は相手の主観を無視して、自分の都合のいい方向に誘導しようとしているからです。**行きすぎると、「そうやって悩むだけで行動しないから、調子が悪いんだよ」「そんなふうにネガティブ思考だから、うまくいかないんだよ」などと、落ち込んでいる相手にダメ出しを始める人もいます。

かつての私も、「前向きになってほしい」という思いから、相手を励ますつもりでこんなことを言っていました。

こうしたことが続くと、相手は本音を言えなくなります。うまくいかなくて「苦しい」「つらい」「しんどい」といった、「今感じていること」を自由に吐き出せなくなると、思考も感情もネガティブな状態のままになります。

すると、「こうなりたい」とか、「こうしたい」といった、自己実現に対する欲望と向き合う余裕もなくなります。その結果、ポジティブな思いも押し殺してしまうため、「自分都合の目標」を立てられなくなってしまうのです。

相手に夢や目標を持ってほしい場合、ネガティブ思考を批判したり、うまくいかない原因を追及したりすることに意味はありません。相手の主観にフォーカスして、「相手がどう感じているのか」を語ってもらうほうがはるかに重要です。なぜなら「うまくいかない」と感じているということは、その人のなかに「うまくいったときの理想の姿」があるからです。それこそが、その人の「欲望の種」です。

その種を発芽させ、花を咲かせるためには、次の3ステップで相手の本音を引き出す必要があります。

ステップ1　否定せずに受け入れる

「そうなんだね」「そう思った（感じた）んですね」と相手の話を否定せずに受け入れる

ステップ2　場面を特定する

「どんなときにそう思った（感じた）の？」と、具体的な場面について聞く

ステップ3　本音を聞き出す

「（そして、あなたは）本当はどうしたい？」と本音を聞き出す

たとえば、部下が「最近、仕事がうまくいかないんです」と言ってきたとします。そんなときは、「そうなんだ。最近うまくいっていないと感じるんだね」と、まず部下の話を否定せずに受け入れます。これがステップ1です。

ここで大事なことは、「客観的に」仕事がうまくいっているかどうか？　ではありません。「相手の主観」、つまり、仕事について本人がどう感じているか？　がポイントになります。

相手がどう感じているかという「主観」については、他人である私たちがどうこう言える立場にはありません。ですから、相手の主観は「ただそのまま」否定せずに受け入れてみてください。

こうすることで、相手は「この人は私の話を聞いてくれる」と感じるようになります。

相手の主観をそのまま受け入れたら、ステップ2に進みます。

「具体的にどんなところがうまくいっていないと感じるの？」「どんなときに、そう思った（感じた）の？」「たとえば？」と、具体的な場面について聞いてみるのです。

たとえば、「私が企画した商品がなかなかヒットしないんです」と返ってきたら、「もう少し詳しく聞かせて」と、本人の不満や不安についてヒアリングします。

こうやって、頭のなかのモヤモヤや不安を話してもらうことで、相手の思考と気持ちがスッキリしてきます。これをコーチングでの世界では、「クリアリング」と呼びます。

そうしたらステップ3に移り、本音を聞き出しましょう。「じゃあ、本当はどうしたいの？」と聞くわけです。

もし、「ヒット商品を出して、業界を代表するクリエイターになりたいんです」という答えが返ってきたら、それがその人の「欲望の種」、つまり「自分都合の目標」です。
それが出てきたら、「その目標を実現するために、私に何か手伝えることはある？」などとサポートを申し出ましょう。

この3つのステップを経ずに、つまり相手の主観を尊重せずにサポートを申し出ても的外れになる可能性が高いので、必ずこの順序で話すことが大切です。

なお、相手がなかなか本音を言ってくれない場合は、まだ信頼関係ができていない可能性が高いと考えられます。そんなときはもう一度、第1章で紹介したアプローチを試してみることをおすすめします。

ここがポイント

一見ネガティブな相談にも「夢や目標のヒント」が隠れている。

30 ▼ 目標を立てるのが苦手なら、まず「1日単位」の目標を立ててみる

相手の状態はどっち？

☐ 目標を立てることに積極的

☐ まだ目標を立てること自体が難しい

実践のコツ

「今日1日の目標」の具体例をいくつか示す。

前項では、「自分都合の目標」を引き出すコツについてお伝えしました。しかし、これまで一方的に与えられた「相手都合の目標」しか立てたことがない人にとって、自分のための目標を立てることは案外難しいものです。

部下やお子さんがなかなか「自分都合の目標」を立てられない場合は、期間を短く区切ってスケールを小さくし、目標を立てる感覚を身につけてもらうことが有効です。

具体的には「半年後、1年後」の目標ではなく、「今日1日」にフォーカスした目標を立ててもらうのです。最初はなかなか出てこないと思いますので、「今日1日の仕事のゴールは？」「今日、学校でどんなことができたらいい？」「放課後、何ができたら最高？」などと、「期間」だけでなく目標の「対象」についても幅を狭めることがおすすめです。

これを繰り返していると、徐々に仕事や学校における今日1日の目標を立てられるようになります。それができるようになったら、対象の制限を外し、「今日1日、どんなことができたら最高？」「自分の人生を充実させるために、今日やりたいことは？」などと質問をすることで、徐々に「自分都合の目標」を立てられるようになります。

ここがポイント！

「期間」や「対象」を区切ると、目標を立てやすくなる。

31 価値観を明確にすれば、「自分都合の目標」にたどり着く

相手の状態はどっち？

- □ 仕事や勉強の内容と自分のやりたいことが重なっている
- □ 仕事や勉強している分野と違うところに興味がある

実践のコツ

仕事の内容と「自分都合の目標」が重なる部分を見つけよう。

ここまで、身近な相手に成長を促すための、「自分都合の目標」の立て方を解説してきました。しかし、あなたが仕事や勉強に対する目標を持ってほしくてアプローチしたのに、相手がそれとまったく違う目標を立てることもあります。仕事や勉強に対して「心底実現したいことがない」という人も少なからずいるからです。

そういう場合、「なぜ今、私が、それ（仕事や勉強など）をするのか？」という「個人的意味づけ」が必要です。

なかには、「会社にしても学校にしても、やるべきことはすでに決まっているのだから、個人的意味づけやゴールなど不要。むしろ無駄なのではないか？」と考える方もいるかもしれません。しかし、本人にとって仕事や勉強をする意味や目的が明確にならない限り、「指示に従って決められた最低限のことをやる＝不快回避」の行動になってしまいます。それでは主体性は生まれません。

では、「仕事や学校で心底実現したいことなどない」という相手の快追求スイッチを入れるには、どうすればいいのでしょうか。

答えは、相手の持つ「価値観」と、仕事や勉強に対する「目標」とを近づけることです。

これまで2万人以上の夢や目標の実現をサポートしてきてわかったことがあります。それは、人の価値観は大きく3つに分類できることです。

その価値観とは、「①人とのつながり」「②達成」「③技術の追求」です。

「①人とのつながり」とは、感謝されたり、絆が強まったり、人間関係が広がる・深まることを大切にする価値観です。仕事で言えば、仲間やお客様から「ありがとう」と言われるとモチベーションが上がる、チーム全員で結果を出すことに喜びを感じる、部下・後輩の育成や成長に関心がある。

子どもであれば、1人よりも友達と一緒に遊ぶほうが好き、席替えで仲のいい子と近くになると学校に行くのが楽しくなる、先生との相性によって勉強や部活に対するモチベーションが変わる。こういう人は「①人とのつながり」を大切にしていると言えます。

「②達成」とは、文字通り、目標を達成したり、困難な課題を乗り越えたりすることに重きを置く価値観です。仕事で言えば、数値目標や新記録の達成、企画通過、商談成立、資格取得などがかかるとやる気になる、自己成長や昇進・昇給に対する意欲が人より高い、などです。

相手が子どもなら、テストの点数や成績の順位を意識すると勉強に集中できる、スタンプカードやシールをもらえるとお手伝いや宿題を頑張れる、表彰・入賞・昇級・昇段などを目指すことで頑張れるといった場合は「②達成」を大切にしています。

最後の「③技術の追求」は、専門性を深めたり、自分の意思や個性が尊重されたりすることを大切にする価値観です。仕事なら、独創性・オリジナリティを追求したい、開発や研究、創意工夫をすることが好き、といったイメージです。

子どもなら、教科書通りの解法だけでなく、より速く正確に解ける方法を見つける、自分なりの勉強方法やノートのとり方、まとめ方を探求するのが好き、本や動画などで自ら学んでフォームを改良するといったことが好きな場合は、「③技術の追求」を大切にしていると言えます。

これらは私たちの思考や感情のベースとなるものなので、どれも重要ですし、誰もがこの3つの価値観を持ち合わせています。

ただし、人によって「優先順位」が異なります。ですから、相手の価値観の優先順位を把握することで仕事や勉強に対する目標に「個人的意味づけ」を見出すことができるようになります。

たとえば、「1日1件、新規顧客にアポイントをとる」という目標があるとします。

3つの価値観のうち、「②達成」を最も大切にするAさんにとって、このような数値目標は、自身の価値観そのものなので行動しやすいと言えます。

しかし、「①人とのつながり」を最も大事にするBさんにとってこの目標は今ひとつしっくりきません。このような場合、たとえば**「毎日1人、自社のサービスを必要としている人を探し、届ける」「サービスの提案を通じて笑顔の人を今月20人増やす」**といった、本人の価値観に基づいた目標を設定することで、目標達成に対するモチベーションが上がります。

また、「③技術の追求」を大切にするCさんも、Bさんと同じように数値目標だけでは行動につながりにくい傾向があります。この場合は、**「誰でも、アポイントをとれる確率が上がる方法を開発する」「自分にしかできない方法でアポイントをとる」**といった目標を設定すると、その目標を自分事として行動しやすくなります。

子どもが主体的に勉強できるようサポートしたいのであれば、次のような目標設定が考えられます。

「①人とのつながり」を大切にする子に対しては、**「仲のいい友達や憧れの先輩と同じ高**

校に行くために勉強を頑張る」「英語が苦手な友達に教えてあげられるくらいまで語学力を磨く」。

「②達成」を重視する子なら、「定期テストで学年10位以内に入る」「得意科目で1位を目指す」「前回よりも高い点数をとる」「英検や漢検などの資格をとる」。

「③技術の追求」なら、「ノートのとり方を工夫して授業と宿題だけでテスト勉強を終わらせる」「机に向かって勉強する以外の方法で、毎日30分勉強時間を確保できないか工夫する」といった目標を設定することで、自分事に感じてもらうことができます。

このように、相手の価値観を把握して、それをベースに「なんのため？」「誰のため？」と考えることで、それぞれにふさわしい「自分都合の目標」を設定することができます。ぜひ取り入れてみてください。

ここがポイント

相手が、どんなことに喜びを感じているか、よく観察してみよう。

32

課題と強みを明確にして、目標に対する現在地を把握する

目標実現まであと？km
現在地がわからないと、
行き方もわからない…

相手の状態はどっち？

- ☐ 自分の強みと課題をわかっている
- ☐ 自分の強みと課題をわかっていない

実践のコツ

現状を把握する際は、必ず「できていること」から確認する。

相手が「自分都合の目標」を立てることができた！

でも、そこで満足してはいけません。目標と行動はワンセットです。相手の目標実現をサポートする、つまり、「どうやって目標を実現するのか？」を一緒に考えてください。

そのためにまず必要なのは、相手の「現在地」を把握することです。

カーナビを思い浮かべてください。ナビに目的地をセットすると、自動的にルートを設定してそこまで案内してくれるのは、今いる場所（現在地）がわかっているからです。

相手の目標実現をサポートする際も同じです。

たとえば、「海外で生活してみたいので、語学力を磨いて海外支社に転勤したい」という目標（目的地）を立てた部下がいるとします。現在地を確認しないまま「そうか。応援しているから頑張って！」とだけ言ってそのままにしていると、徐々に目標実現に対するモチベーションが下がります。**なぜなら、今の自分の実力（現在地）がわからないので、目標実現のためにやるべきこと（ルート）を決められず、行動できないからです。**

このように、現在地を把握していなかったり、認識にズレがあったりすると、「行動できない」「ずれた行動をしてしまう」「適切な行動がとれない」といった弊害が生まれます。

相手の「現在地」は、次の2つの項目を確認することで把握できます。

1「どんなことができているのか？」（できているところ・強み）

2「どんなことができていないのか？」（課題）

現在地を確認する際のポイントは、必ず「できているところ」「うまくいっているところ」など、ポジティブな側面の確認から始めることです。

「できていないところ」「ダメなところ」など、ネガティブな側面から確認し始めると、部下は批判、否定、非難されているように感じてしまい、アイデアを出し合ったり、相談できる建設的な時間になりません。

どんなに困難な目標であったとしても、現状の達成率が0％ということはありません。仮に0％だとしても、「現時点では着手していない」ことを確認することに意味があります。現状の進捗が5％だとしても、「なんでそれしかできていないのか？」と責めるのは厳禁。「5％は進んだんだね」「着手してみたんだね」と、ポジティブにとらえてください。

そのうえで、「実際に取り組んでみてどうだった？」「何か困っていることや障害になることはある?」などと質問しながら、課題を確認すればいいのです。もし、数値化できることであれば、現時点での達成率を確認しましょう。

先ほど例に挙げた「海外で働きたい」部下の場合なら、「海外勤務の社内基準であるTOEIC800点に対して、今のスコアは何点なのか?」などと現状の数字を確認すれば、現在地を把握しやすくなります。

また、「外国人と渡り合えるプレゼン力」といった定性的なことであれば、「現時点でのプレゼン力は10点満点中何点か?」と自己採点してもらうといいでしょう。

なお、現在地は「一度確認したら終わり」ではありません。 ゴール(目標)に向けて動き出すと、現在地も動いていきます。ですから、定期的に「どんなことができていて、どんなことが課題なのか?」を振り返り、チェックする必要があります。

ここがポイント

人は、目標を立てると満足してしまいがち。目標実現までしっかりサポートしよう。

33

「現在地」と「目標」との間に、小さな目標とタスクを設定しよう

相手の状態はどっち?

- ☐ 目標実現に向けやるべきことがわかっている
- ☐ やるべきことが曖昧で行動が停止している

実践のコツ

目標実現には周囲のサポートが不可欠。1人にしないよう気を配ろう。

ここまで、「自分都合の目標」の立て方と、相手の「現在地」を把握する方法についてお伝えしました。ここから先を、「じゃあ、頑張ってね！」とすべて相手に委ねないでください。**次は、「目的地」にたどり着くための「ルート」を決めましょう。**

とくに経験値が低い人の場合、周囲のサポートがないと夢や目標を実現する方法がわからず、途方に暮れてしまうことがあります。

また、目標と現在地との間に大きなギャップがある場合、その事実にショックを受け、やる気がなくなってしまう人もいます。

では、具体的にどうすればいいのでしょうか。

「ルーティング」は、おもに2つの作業に分けることができます。

1つめは、目標までの間に3つの「マイルストーン（目標を実現していく際に途中の目安となる小さな目標）」を置くことです。

先ほどから例に挙げている「海外で働きたい部下」の場合で説明しましょう。

「海外勤務の社内基準であるＴＯＥＩＣ８００点に対して、今のスコアは５００点」などと現在地がわかったら、次のようなマイルストーンを設定します。

❶ 次回の試験で650点を目指す
❷ 650点を達成できたら、半年以内にリーディングで800点相当の実力をつける
❸ それができたら、リスニングで800点相当の実力をつける

このように、ゴールから逆算した小さな目標を設定することで、動きやすくなりますし、マイルストーンごとに達成感を味わうこともできます。

もう1つは、より行動しやすくするために、各マイルストーンを細分化することです。

コーチングの世界では、これを「チャンクダウン」と呼びます。

たとえば、❶のマイルストーン「次回の試験で650点を目指す」をチャンクダウンすると、次のようになります。

・650点をとるのに必要な単語・熟語を、アプリもしくは単語帳を使って覚える
・音声教材を使って650点とるのに必要なリスニング力を身につける
・TOEICの過去問を解く
・TOEICの試験に申し込む

このように書き出せたら、優先順位をつけ実行します。こうすることで、今日、今週、今月にやるべきことが明確になり、「何をすればいいかわからない」という状態を回避することができます。

もちろん、ここで設定したマイルストーンやチャンクダウンしたタスクは状況に応じて変えてもかまいません。先ほど、定期的に「現在地」を確認し続けましょう、とお伝えしましたが、その際にマイルストーンやタスクが現状に合っているかも併せて確認してみてください。

ここがポイント

一度決めたルートを最後まで死守する必要はない。現在地が変わったら柔軟に対応しよう。

34 目標実現のルートは複数ある。「手段」に固執しないようサポートしよう

相手の状態はどっち？

- □ 計画を変更するのが苦手
- □ 状況に応じて柔軟に計画を変更できる

実践のコツ

目標実現までのルートは途中で変更してもいい。

家族で富士山に行くことになりました。ところが、車で出発したとたん、タイヤがパンクして車が使えなくなってしまいました。

こんなとき、あなたならどうしますか？

こうしたトラブルが起きると、大半の方が、行くのをあきらめてしまうのではないでしょうか。

このように、当初想定した手段でうまくいかなかったり、ちょっとしたトラブルが起きたりしただけで、くじけたり、パニックになったりして、目標実現をあきらめてしまう人は意外に多いのです。

なぜ、こういうことが起きてしまうかと言えば、前項でお伝えした「ルーティング」の概念を知らなかったり、誤解しているからです。

当たり前の話ですが、目的地にたどり着く方法は複数あります。富士山の例で言えば、車のタイヤがパンクして走れないのなら、レンタカーを借りてもいいし、途中まで電車で行って、そこからタクシーを利用する手もあります。うまくいかなかったら、別の手段を試せばいいだけです。

ところが、とくに経験が少ない人は、一度目標までのルートを決めると、「こうしなきゃいけない」「この方法じゃないといけない」と思い込み、何かうまくいかないことがあると「やっぱり自分には無理」「こんなことできない」と、あきらめてしまいがちです。

仕事や勉強でも同じことが言えます。

たとえば、どうしても自分が担当したい案件について上司の理解を得られず、別の人が担当になってしまった……。「ルーティング」の概念を知らない人は、こうした状況に陥ると、自分の不運を嘆いたり、理解のない上司のせいにしたり、実力不足の自分を責めたりして結局あきらめてしまいます。

しかし実際には、上司にお願いしてサブの担当にしてもらう、客先を訪問する際に同行させてもらう、上司に再交渉してみるなど、目的に近づくための手段は無数にあります。

テストで80点をとるために、毎日1時間自習すると決めたのに、体調を崩してできなかったというケースも同じです。

テストで80点を目指すのであれば、翌日多めに勉強する、遅れを取り戻すために、学校や塾の先生、勉強の得意な友人に教えてもらうなど、リカバリの方法はいくらでもあります。

このように、「ルーティング」のプロセスをうまくサポートできれば、相手はスムーズに夢や目標を実現していくことができます。

もちろん、ルーティングは一度決めたら終わりではありません。順調にいっている場合でも、現在地は刻々と変化しますので、ルート変更が必要になることがあります。

前項で解説した「マイルストーン」と、それをチャンクダウンしたタスクをつねに見直したり、それらを実行するペース配分を変更したりすることで、目標達成への視界がいっきに開けることもあるのです。

最初のうちは大変かもしれませんが、週に一度のペースで作戦会議を開いて相手をサポートすることをおすすめします。

ここがポイント

目標を実現する「プロセス」もクリエイティブに考えてみる。

COLUMN

5

一歩踏み出せない人には「未来志向型」アプローチでそっと背中を押す

第5章では、相手の成長を促し、自立に導くために「心底達成したい目標」を見つけ、その実現をサポートする方法を紹介しました。

しかし、目標が見つかっても、なかなか行動できない人もいます。

その原因の1つに、「ネガティブな過去」の経験や「ネガティブな未来」のイメージが大きすぎて、「自分にはできない・無理」と信じ込んでしまっていることがあります。

本当は挑戦してみたい仕事があるのに、過去に大失敗して恥をかいた経験が足かせになって一歩踏み出せない。あるいは、失敗して上司に怒られる未来を想像してしまい動けない。

必死で勉強したにもかかわらず、テストで悪い点をとってしまった経験がトラウマになっていて、本当は頑張りたいのに勉強する気が起きない。今回も同じことが起きてガッ

カリする未来を想像してしまい集中できない……。

誰でもそうですが、失敗したり、嫌な思いをしたりしたくありません。負けるとわかっている戦いにわざわざ挑む人は稀でしょう。

こうして行動や挑戦から遠ざかってしまうと、それに比例して成功体験も減っていくので、「ポジティブな未来」を思い描くことがさらに難しくなります。

逆に言えば、「ポジティブな未来」をイメージできたり、「いい予感」を感じたりすることさえできれば、多くの人は目標実現のための行動を起こすことができます。

「自分にはできない・無理……」を、「できるかもしれない・できる！」に変えるためには、「未来志向型」のアプローチがおすすめです。方法は2つあります。

1つめは、相手に「もし、すべてがうまくいくとしたら？」という質問をすることです。

こう聞くことで、ポジティブなゴールを具体的に思い描いてくれれば、徐々に挑戦に対する意識が前向きになります。

でも、失敗体験が重なりすぎて、たとえ空想だとしてもポジティブなゴールを思い描くことが難しい人もいます。そんなときは、もう1つの方法を試してください。

それは、「30分あったらやってみたいこと」を最低5つ、できれば10個リストアップしてもらい、実際に1つやってみることです。

ポイントは、「やるべきこと」「やらなければいけないこと」といった義務感ではなく、「やってみたいな」という自主性を尊重することです。

たとえば、お風呂にゆっくりつかる、読みたかった本をじっくり読む、コーヒーを豆から挽いて飲む、近所の公園を散歩するなど、ちょっとしたことで大丈夫です。

憂さ晴らしのゲームやネットサーフィンなど、いつもやっていることではなく、「いつもやってみたいと思っているけれど、時間に追われて先延ばしにしている」ことがいいでしょう。

「やってみたいこと」をリストアップして実行することを繰り返していると、「やろうと思えばできるんだ」という成功体験が積み重なって、自然とやりたいことが出てくるようになります。

それが、心底実現したい「ポジティブな未来」を描くことにもつながっていくのです。

巻末付録

相手を「すぐやる人」に変える「週1ノート」活用法

目標実現へのアクションを継続していくために

「はじめに」でもお伝えしましたが、本書の究極のゴールは相手の「自立」です。

私の定義する「自立」とは、「すべきこと・やりたいこと」を自ら見つけ、計画・行動し、必要に応じて軌道修正しながら成果や結果を出していけるようになることです。

第5章では、それをサポートする方法をお伝えしたわけですが、この巻末付録ではその効果をより高めるための「週1ノート」の活用法をお伝えします。

本人が設定した夢や目標を実現するための行動を継続していくために、ぜひ「週1ノート」を活用してみてください。

具体的な書き方は後ほど詳しくお伝えしますが、「週1ノート」とは、4分割したノートのスペースに、「ここ1週間のポジティブな出来事」と「次の1週間の理想」「今抱えて

いる悩みや課題」「次の1週間の理想を実現するための仮行動」を、週に一度書き出してもらうものです。ちなみに、1回にかかる時間は5分程度。これなら、どんなに忙しいときでも続けられます。

なぜ「週1ノート」は効果的なのか？

実は私も、この4年間ずっと毎週月曜日の朝6時30分から30分間、自身が主宰する「行動イノベーションプログラム」のメンバーと一緒に「週1ノート」を書いています。私だけでなく、ほかの多くのメンバーが継続できているのは、それだけ効果を実感できているからです。

「週1ノート」のいちばんのメリットは、「肯定的思考習慣」が身につくことです。

「週1ノート」は、まずここ1週間のポジティブな出来事から振り返り、そのあと次の1週間の理想について考えます。

これから頑張ろうとしている月曜日の朝に、「先週はあれもできなかった、これもできなかった」などとネガティブなことから振り返ってしまうと、「やるべきことができていないのに、また1週間が始まってしまった。なんだかつらいし、しんどい……」と、なりがちです。

こんな状態で、「今週も頑張ろう！」と思える意志の強い人はごくわずかです（私でも難しいです）。

逆に、どんなに些細なことでもいいので、「できていることがあった」とわかれば、「今週はこうしてみよう」「これなら自分にもできるかも」と、次に進む自信やアイデア、エネルギーが湧いてきます。

もちろん、このあとに悩みや課題などネガティブな側面にも向き合うのですが、ポジティブな側面から振り返ることで、物事のプラスの面が見えやすくなります。

これを心理学の世界では、「気分一致効果」と呼びます。

この効果のおかげで、たとえ調子がよくないときでも、ひたすら落ち込んだり、自分を責めたりすることなく、建設的に考え、対策を練ることができるようになるのです。

気持ちを切り替えるきっかけにも

また、週に一度振り返りや現状確認を行うことで、年に50回以上リセットの機会を得られます。うまくいかないときや調子が悪いときでも、気持ちの切り替えができるようになりますし、すぐ軌道修正することもできます。

ほかにも、「1週間単位」で考えることで、時間や気持ちに余裕を持てたり、体調管理がスムーズになる方もいます。

さらに、「週1ノート」を書くことで、少し先を見通す力、自分で計画して行動する力、思うように事が運ばなかったときの軌道修正力を鍛えることができます。

では、「週1ノート」の効果・効能がわかったところで、具体的な書き方について説明していきましょう！

目標実現に確実に近づく「週1ノート」の書き方

では、さっそく「週1ノート」の書き方を解説していきましょう。事前準備はたった2つです。

まず、ノートを用意してください。大きさ、種類はなんでもかまいません。

次に、ノートを開き、片側のページに縦横に一本ずつ十字になるよう線を引き、4つのスペースに区切ります。田んぼの「田」の字をイメージしてください。

線を引いたら、左上のスペースに「先週のポジティブな出来事」、右上のスペースに「今週の理想」、左下のスペースに「悩み・課題」、右下のスペースに「今週の仮行動」と記入します。

これで準備完了です。

①先週のポジティブな出来事	②今週の理想
③悩み・課題	④今週の仮行動

「週1ノート」は4つのステップで書こう

準備が整ったら、実際に書き込んでいきましょう。「週1ノート」は、次の4つのステップで書いていきます。

ステップ1　左上の欄に、「先週のポジティブな出来事」を書き出す

ステップ1では、夢や目標に対するアクションでよかったことを書き出してもらいます。

大切なのは、「意図的に」ポジティブな視点から振り返ることです。

第5章で例示した「海外で生活してみたいので、語学力を磨いて海外支社に転勤したい」部下の場合なら、**「TOEIC800点を達成するため、単語の勉強をしたところ、50個覚えられた」「過去問を解いたら、前回より30点上がった」**といった具合です。

なかには、「いいことなんて何もないから書けません」という方もいるでしょう。しかし、それは思い込みにすぎません。もちろん、1週間を振り返れば、思い通りにならなかった

ことは誰にでもあるでしょう。

でも、「嫌なことしかなかった」わけではないはずです。意識して、ていねいに振り返れば、ささやかかもしれませんが、誰でもポジティブな出来事を見つけることができます。

ここでのポイントは「よかったこと」のハードルを下げることです。

「すごくよかったこと」でなくてもかまいません。たとえば、勉強に着手できなかったとしても、**「TOEICの問題集を買うことができた」**といった些細なことでも書き出してください。

私たちは自分のことをつい過小評価してしまいがちです。誰もがすごいと認めるような実績や結果、成果以外は、「たいしたことがない普通のこと」として、スルーしてしまう人がとても多いのです。実際には、「悪い記憶」と同じくらい「いい記憶」もあります。ただ積極的にアクセスしていないだけなのです。

どうしても出てこない場合は、日常生活や仕事のなかで、「ほんの少しでもよかったこと・うれしかったこと」を書き出してもらいましょう。

たとえば、**「お客さんからありがとうと言われた」「期待せずに入った中華屋さんで食べ**

たチャーハンがおいしかった」「ふと、空を見上げたら、久しぶりにきれいな夕焼けを見ることができた」……。この程度のことでかまいません。

目標実現とは関係ないように思えますが、こうやってポジティブなことを振り返ると、モチベーションの高い状態で1週間をスタートすることができます。

ステップ2 右上の欄に、「今週の理想」を書き出す

ステップ1で肯定的な振り返りができたら、その「いい状態」のまま、今週の理想的な過ごし方を書き出します。この際は、ベスト3形式で書くのがおすすめです。

このベスト3は、たんなる予定ではありません。「もし、今週が最高の1週間になるとしたら、どんないい出来事があるか？」「今週、こんなことがあったらうれしい」という観点で考えるのがポイントです。

たとえば、**「1．TOEICの過去問で目標の800点をとれた」「2．インバウンド客の多いカフェに行って、外国人に話しかけたら会話が盛り上がった」「3．海外勤務経験のある先輩のところに話を聞きに行った」**など、実現可能性は一度脇に置いて理想の1週間の過ごし方を考えましょう。

もし、忙しかったり、調子が悪かったりして、目標実現に対する理想を考える余裕がないようなら**「手こずっていた案件が見事にまとまる！」**とか、**「体調が回復して、目覚ましが鳴る前に気分よく目覚める」**など、目標と直接関連しないことでも大丈夫です。

ステップ3 左下の欄に、「悩みや課題」を書き出す

ステップ1と2でポジティブな過去や未来について考えたら、次は夢や目標を実現するための課題、未完了事項などを書き出していきます。

「忙しくて、勉強する時間を確保できない」「リスニングの勉強が予定より遅れている」など目標に関する悩みはもちろん、目標実現とは一見関係なさそうな悩みや不安、気になっていることなども一緒に書き出してもらいましょう。

「最近頭がボーッとして集中できない」「先週、上司の○○さんと口論になり、その後口をきいていないことが気になる」などなんでもかまいません。

114ページでお伝えしたように、人は不調の原因をなかなか客観視できないため、自分では気づかないところに、目標実現を邪魔する要因がある可能性もあります。

抱えているすべての不安や悩みを書き出すことで、自分の思考を客観視することができ、

その事実に気づくこともあるのです。

「ネガティブなことを考えてはいけない」ということはありません。今リアルに感じている不安や悩みを率直に書いてもらってください。

ステップ4 右下の欄に、「今週の仮行動」を書く

最後に、右下の欄に「今週の仮行動」を書き出しましょう。仮行動とは、「とりあえず」やってみることです。あくまで「仮」ですから途中で変更してもかまいません。

仮行動は、次の3つの観点から書き出すことがおすすめです。

1つめは、ステップ1で書いた「1週間のポジティブな出来事」をさらにバージョンアップするための行動です。 たとえば、**「先週は50個の単語を覚えられたので、今週は60個覚える」** という感じです。

このように「うまくいっていることをさらに伸ばす」という視点を持てるようになると、加速度的に成果を出すことができるようになります。

2つめは、ステップ2で書いた「今週の理想」を実現するための行動です。 先ほど書き

出した「インバウンド客の多いカフェに行って、外国人に話しかけたら会話が盛り上がった」という理想に対するアクションなら「**外国人客が多いカフェを探して行ってみる**」などになります。

3つめは、ステップ3で書いた「悩みや課題」を解決するための行動です。

「忙しくて、勉強する時間を確保できない」なら、「**入浴中に音声教材を聞く**」「**水曜日だけは残業せずに勉強の時間に充てる**」などと、解決策を書き出してもらいます。

この際、目標とは直接関係のない悩みについても一緒に解決策を考えましょう。

「週1ノート」を継続するコツは、一緒にやること

最初のうちは、あなたも一緒に「週1ノート」を実践してください。

毎週時間を決めて2人それぞれノートを書いてもいいですし、週に一度1 on 1ミーティングの機会を設けて、そのときまでにおたがいのペースでノートを書いてきて、2人で確認するようにしてもかまいません。

ポイントは、「書きっぱなし」にしないこと。書いた内容について、話し合ったり、報告してもらったり、共有するようにしてください。

このサイクルを続けていくと、相手は着実に目標に近づいていきます。

最初は慣れないこともあるかもしれませんが、時間が経てば習慣になりますので、根気よく続けてください。

慣れてきたら、徐々に確認の回数を減らし主導権を相手に渡していきましょう。最終的には、相手が1人でこのサイクルを回せるようになります。

そして、いずれ子が親になるとき、部下が後輩を持つときに、自分がしてもらったかかわり方、いい影響が継承されていけば、「人が成長する仕組み」が、職場や家庭、学校に根づくことにもつながるのです。

おわりに

ここまで読んでいただき、ありがとうございます。

最後に1つ、お伝えしておきたいことがあります。

それは、相手の変化や成長は、「こちらの都合」ではなく、「相手のペース」で訪れるということです。 相手の成長を願うなら、これだけは絶対に忘れないでください。

あなたはきっと、この本で紹介したコツをすぐに実践することでしょう。その際、「コツを1つ実践したら、1つ効果を実感できる」ことを期待するはずです。

もちろん、おもに第2章、第3章でお伝えした「不快回避」を前提としたコツは、即効性が期待できます。しかし、「相手の成長」を前提とした第4章以降のコツは、効果が出るのに時間がかかることがあります。

1つ実践しても成果が出ない。2つ実践しても何も変わらない。3つやっても相手が成長しない。4つやってみたけど無視された。5つやったら相手の変化のなさに虚しくなった……。こんなことが起こるかもしれません。

これは、人の成長が右肩上がりの「一次曲線」で起こると思い込んでいるからです。

実際には、人は「二次曲線」を描くように成長します。つまり、相手の成長はある日突然目に見えるようになるのです。

はじめて自転車に乗れるようになったときのことを思い出してください。1時間練習するごとに、1メートルずつ進めるようになったわけではないはずです。何度も失敗を積み重ね、あるとき突然コツをつかむ。一度コツをつかむと、転ばずに進める距離がいっきに伸びていく。こんな過程を経て自転車に乗れるようになったのではないでしょうか。

これと同じで、まったく成長が見られない相手に対して、適切な方法で「感情的にならず」「コツコツ淡々と」かかわり続けていくと、あるとき「いきなり」変化が訪れます。

これが、人が成長し、成果が出るプロセスであり、可能性の扉が開く瞬間なのです。

アドラーは、「すべての悩みは対人関係の悩みである」と言いました。

本書でお届けしたコツを実践していただければ、あなたの悩みや疲れ、そして日々のストレスは徐々に消えていくことでしょう。他人に振り回されることがなくなり、限りある時間と意志力を、ご自身の人生を豊かにするために使えるようになります。

あなたが「本当に行きたい未来」に向かって、ともに一歩踏み出していきましょう！


本書はたくさんの方の支えによってできあがりました。

編集を担当してくださった重村啓太さんをはじめ、かんき出版のみなさまに心より感謝いたします。

また、前作に引き続き、「ひと目でポイントが目に飛び込んでくる」わかりやすいイラストを描いてくださった、イラストレーターの鈴木衣津子さんにも大感謝です。

いつもやりがいを感じながら仕事をさせていただけるのは、クライアントのみなさま、コーチングスクール「ＮＥＸＴ」のメンバー、「ＴＥＡＭ・ＮＥＸＴ」所属コーチ、ビジネスパートナー、仲間たちのおかげです。本当にありがとうございます！

人生のパートナーとして、仕事でも最強のパートナーとして、いつも全力でサポートし続けてくれる、妻・朝子。大切なことは何かを教えてくれる2人の息子、晃弘・達也。3人の愛する家族に本書を捧げます。

そして、この本を読んでくださったあなたに最大級のお礼を申し上げます。

ぜひ本書の感想をお聞かせください。いただいた感想は一所懸命に読ませていただきます。感想は、次のアドレスにお送りください。

●アドレス：info@a-i.asia（件名：「相手をすぐやる人にする・感想」）

最後に、読者の方へプレゼントをご用意しました。左記URLより登録後、ダウンロードできます。

●読者特典ダウンロードページ：https://resast.jp/subscribe/294734

「相手とのかかわり方」を変えることで、あなたの可能性を最大限発揮できますように！

近い将来、直接どこかでお会いできるのを楽しみにしております。

大平　信孝

感情的にならず相手を「すぐやる人」にする34のコツ

超要約！キーワード索引

さらに詳しく知りたい方は、【　】内にある私の既刊本も参照してみてください。

1 課題の分離

自分でコントロールでき、最終責任を負うことができる「自分の課題」と、それ以外の「他人の課題」を分けて考えるアドラー心理学の理論。

7ページ

2 共同の課題

「課題の分離」をしたあと、1人での解決が難しい課題については「共同の課題」として引き受け、協力して解決に取り組むというアドラー心理学の考え方。

10ページ

3
肯定の相槌

相手の言動に対して、自分の価値判断や感情を入れず、「そうなんだ」と一度受けとること。相手に同意や共感ができないときでも、「肯定の相槌」ならできる。

24ページ

4
Youメッセージ

「あなたはこうすべき」など、「相手を主語」にして要求を伝える方法。端的に伝えられるが、反発されやすい。

32ページ

5
Iメッセージ

「これをしてくれると私は助かる」など、「自分を主語」にする伝え方。多少まわりくどい表現になるものの、相手を否定せずに自分の主張を伝えられる。

32ページ

6
4つの承認

信頼関係を構築するのに効果的な承認は、「結果承認」「行動承認」「存在承認」「他者からの承認」の4種類。

【『部下は動かすな。』(すばる舎)】

40ページ

7
2大行動原理

「不快回避」と「快追求」。状況に応じて両方の行動スイッチを使い分けると、よりスムーズに着手できる。【『「続けられる人」だけが人生を変えられる』(青春文庫)】

64ページ

8 締切効果

締切を設定すると、時間内に終わらせようとして集中力や生産性が高まる心理状態のこと。タイマーをセットすることで「締切効果」を活用できる。

68ページ

9 自分目線と相手目線

相手目線に立つと「妥協点」が見つかる。普段、自分が考えていること・感じている主観が「自分目線」。相手の目で見て、耳で聞いて、心で感じるのが「相手目線」。

86ページ

10 10秒アクション

10秒でできる具体的な行動。行動に着手する際の着火剤の役割を果たしてくれる。

【『やる気に頼らず「すぐやる人」になる37のコツ』（かんき出版）】

100ページ

11 アンカリング

条件付け。場所や時間を作業と結びつけることで先延ばしを撃退できる。

【『先延ばしは1冊のノートでなくなる』（だいわ文庫）】

107ページ

12 メタ認知

自分の思考を客観的に把握すること。メタ認知ができると、対策を立てられるようになる。

【『やる気に頼らず「すぐやる人」になる37のコツ』（かんき出版）】

110ページ

13 入口作戦

悩んでいるときに、「どう解決するか?」という出口を探すのではなく、そもそものきっかけや悩みの「入口」を明確にすることで問題解決を試みる作戦。

113ページ

14 横の関係

「立場・役割としての上下関係」とは別に、「1人の人間として対等」という前提で、相手とイコールパートナーとしてかかわるアドラー心理学の考え方。

130ページ

15 勇気くじき

相手を「ダメな人」だと決めつけ、否定する言動をすることで、相手が自ら困難を克服する力を奪うこと。勇気くじきをすると、相手は「すぐやる人」から遠ざかる。

136ページ

16 ピグマリオン効果

他者から期待されることで期待通りの成果を出す傾向。

【『ダラダラ気分を一瞬で変える 小さな習慣』(サンクチュアリ出版)】

140ページ

17 5段階の確認

相手に合わせて「進捗確認のみ」「抽象的指示」「ゴールの確認」「締切」「内容の確認」の5段階で確認する。徐々に介入の度合いを減らすことで、相手に自信をつけてもらうのが目的。

142ページ

18 結果目標と行動目標

「結果目標」は結果重視の目標。「行動目標」は結果を出すのに必要な行動を重視した目標。不調のときは行動目標、マンネリ化したら結果目標など、状況に応じて使い分ける。

150ページ

19 勇気づけ

「褒める」よりも「勇気づけ」したほうが相手の行動を促進できる。いちばん簡単な勇気づけは、感謝を伝えること。

154ページ

20 短期的ゴール

目の前の案件を解決するための目標。今すぐ結果・成果を出す「短期的ゴール」だけにフォーカスすると、「試合に勝って勝負に負ける」ことがある。

159ページ

21 中長期的ゴール

「今すぐ結果を出す」サポートだけでなく、「相手の成長や自立を促す」サポートのために必要な目標。

159ページ

22 擬似成功体験

自分を過小評価して、新たな挑戦ができない人を動かすのに効果的な手法。本人が「できるところ」まで戻り、「やればできる」を体感してもらう。

162ページ

23 相手都合の目標

会社や上司から一方的に与えられたり、押しつけられた目標。子どもが学期ごとに立てさせられる目標なども含まれる。相手都合の目標だけだと主体性は生まれない。

172ページ

24 自分都合の目標

本人が「心底実現したい！」と思える目標。相手の成長を願い「自ら動く人」になってほしい場合は、「相手都合の目標」とは別に、「自分都合の目標」が必要。

172ページ

25 欲望の種

ネガティブ思考の相手でも、本音を聞き出すことで「欲望の種」を見つけ出せる。「うまくいかない」と感じていることの背後には、「うまくいったときの理想の姿」がある。

178ページ

26 本音を引き出す「3ステップ」

1：否定せずに受け入れる
2：場面を特定する
3：本音を聞き出す

179ページ

27 3つの価値観

「①人とのつながり」「②達成」「③技術の追求」。自分が大切にする価値観をもとに「何のため？」「誰のため？」と考えることで、自分にふさわしい目標を設定できる。

184ページ

28 現在地

目標を立てても動けないときは、「現在地」を把握するサポートをする。「できていること」と「課題」の両方を明確にすることで何をすればいいかが見えてくる。

190ページ

29 マイルストーン

目標実現までの目安となる小目標。現状と目標の間に3つ置くことでやるべきことが明確になる。【『やる気に頼らず「すぐやる人」になる37のコツ』（かんき出版）】

195ページ

30 ルーティング

「現在地」と「目的地」が明確になったあとに、どのような「ルート」で実現していくか、そのプロセスを明確にすること。あきらめなければ、道（ルート）は無数にある。

200ページ

31 「未来思考型」アプローチ

視点を未来に向け、「本当はどうしたいか？」「今あるものをどう生かしたいか？」を建設的に考えていくこと。【『指示待ち部下が自ら考え動き出す！』（かんき出版）】

202ページ

32 「週1ノート」術

週に一度振り返りをして軌道修正アクションプランを立てること。目標を着実に実現するために効果的。【『すぐ動ける人の週1ノート術』（PHP研究所）】

巻末付録

【著者紹介】

大平信孝（おおひら・のぶたか）

◉——株式会社アンカリング・イノベーション代表取締役。目標実現の専門家。メンタルコーチ。中央大学卒業。長野県出身。

◉——脳科学とアドラー心理学を組み合わせた、独自の目標実現法「行動イノベーション」を開発。卓越したアプローチによって、これまで2万人以上の課題を解決してきたほか、オリンピアン、トップモデル、ベストセラー作家、経営者など各界で活躍する人々の目標実現・行動革新をサポート。再現性のあるメソッドが話題となり、テレビ、ラジオ、雑誌など、メディアからの取材依頼多数。

◉——法人向けに「セルフリーダーシップ」「チームマネジメント」「先延ばし撃退」をテーマに研修を提供。現在は、ＬＶＭＨモエヘネシー・ルイヴィトン・ジャパン合同会社のマネジャー向けコーチング研修を継続的に担当している。一方、個人向けに、起業家、士業、リーダーのためのコーチングスクール「ＮＥＸＴ」を主宰。

◉——13冊の著作の累計発行部数は58万部を超え、中国、台湾、韓国、タイ、ベトナムなど海外でも広く翻訳されている。著書に、25万部を超えるベストセラーとなった『やる気に頼らず「すぐやる人」になる37のコツ』や『指示待ち部下が自ら考え動き出す！』（ともに小社刊）など多数。

★無料メールマガジン「行動イノベーション通信」
https://www.reservestock.jp/subscribe/182208

★著者問い合わせ先
info@a-i.asia

感情的《かんじょうてき》**にならず相手**《あいて》**を「すぐやる人**《ひと》**」にする**
34のコツ

2024年12月２日　第１刷発行
2025年２月５日　第３刷発行

著　者——大平　信孝
発行者——齊藤　龍男
発行所——株式会社かんき出版
東京都千代田区麴町4-1-4 西脇ビル　〒102-0083
電話　営業部：03(3262)8011㈹　編集部：03(3262)8012㈹
FAX　03(3234)4421　振替　00100-2-62304
https://kanki-pub.co.jp/

印刷所——TOPPANクロレ株式会社

 ISBN978-4-7612-7770-3 C0030